VERGEWALTIGT
leben

Gneisenaustraße 2 · 10961 Berlin
www.transit-verlag.de

Umschlaggestaltung und Layout:
Gudrun Fröba
Druck und Bindung:
Pustet, Regensburg
ISBN 987-3-88747-231-3

Sigrid Simon

VERGEWALTIGT leben

Fünf Porträts

: TRANSIT

INHALT

Vorwort

Dieses Buch basiert auf realen Fällen, auf einer journalistischen Arbeit. Thema eines Beitrags im Ersten Deutschen Fernsehen war die Behandlung von Vergewaltigungsopfern auf den Behörden. Die Betroffenen fühlten sich dort noch einmal als Opfer. Diese Recherche hat ergeben, dass die fünf Fallbeispiele keine Einzelfälle sind.

Es sind Opfer von Fremdtätern und auch Opfer häuslicher Gewalt. Es sind Frauen aus ganz unterschiedlichen Lebenszusammenhängen. Nichts ist mehr, wie es war, nach der Vergewaltigung: Ein Verbrechen, ebenso archaisch wie aktuell, ebenso einzigartig wie universell.

Die Frauen, die in diesem Buch Tania, Lena, Anna, Julia, Nadja heißen, sind betreut, juristisch und seelisch. Sie haben Wege aus dem Schrecken gefunden oder sind dabei, Wege in ein neues Leben zu entdecken. Sie möchten, dass anderen nicht passiert, was ihnen passiert ist. Sie möchten Opfern Mut machen, indem sie ihre Erfahrungen veröffentlichen.

Jede der Frauen bleibt anonym. Für immer. Um die Gefahr der Stigmatisierung auszuschließen und auch aus Gründen ihrer Sicherheit. Vergewaltigung ist ein Kapitalverbrechen.

Mein Dank gilt den fünf Frauen, die mir ihre Geschichten anvertrauten. DANKE allen Informanten. Für Geduld und Unterstützung danke den Redaktionen der politischen Magazine «Kontraste» und «Klartext», ARD/rbb.

Berlin, im Februar 2008

TANIA

Die Vorhänge schleifen über das Parkett. Tania stockt der Atem. Wenn sie hinter dem Vorhang wären, diese Männer? Wenn sie aus ihrem Bett aufstünde, sie es nicht schaffen würde, die Fenster schnell genug zu schließen? Wenn sie sie greifen würden, wie vor vier Jahren? Sie würde es nicht noch einmal überleben.

Tanias Hund jault leise vor der Schlafzimmertür. Es war nur ein Albtraum, ihr Albtraum, der immer noch quält, so wie heute, allein zu Hause, in dem Grau eines Novembermorgens. Tania beruhigt sich, zittert aber noch unter dem Federbett. Ihr Hund ist da, und auf dem Balkon könnte sich niemand verstecken, es ist ein nach hinten hinaus liegendes Schlafzimmer, von allen Fenstern des Hofes kann man auf den Balkon sehen.

Es ist Sonntag, im Radio plätschert leiser Jazz, in der Kaffeemaschine arbeitet sich das Wasser durch den Espressofilter. Zum letzten Mal dieser Albtraum, aber das hat Tania oft gedacht, in den vier Jahren, die seit der Tat vergangen sind. Es ist kalt, sie zieht sich warm an. Den Hund neben sich, zieht sie die Vorhänge im Schlafzimmer zur Seite.

Raus mit dem Hund bei Wind und Wetter. Ein Hund braucht Auslauf. Die Natur macht den Kopf frei. Es blitzt. Es donnert. Der Himmel über dem Park ist weit. Tania und ihr Hund marschieren an einer Jugendstilvilla vorbei. Handwerker bringen ein großes Schild über der Eingangstür an. Tania bleibt stehen:

Haus Märchenland – Kindergarten. «Wenn ich einmal Kinder habe, melde ich sie hier an», sagt Tania zu ihrem Hund.

Tania wünscht sich eigene Kinder. Dieses Ziel hilft ihr, die Vergewaltigung aus ihrer Erinnerung zu verbannen. Sie war auf dem Nachhauseweg, an jenem Abend vor vier Jahren, ein kurzer Weg, sie hatte das Fahrrad genommen, als sie ihre Freunde besuchte. Sie verlangsamte das Tempo, um zu sehen, ob die Straßenbahn käme. Die beiden Männer kamen von hinten, griffen um ihren Oberkörper und um ihre Beine, trugen sie in einen Hinterhof, Tania versuchte, sich zu wehren, doch sie hielten ihr den Mund, auch die Nase und ihre Augen zu. Beide Männer waren viel größer und kräftiger als Tania, Kapuzensweatshirts über nach Rauch und altem Schweiß stinkender, stoppeliger Haut. Sie vergewaltigten sie mehrfach, nacheinander und auch gemeinschaftlich. Während der eine sie vaginal vergewaltigte, zwang der andere sie, ihn manuell zu befriedigen, dann ejakulierte er in ihr Gesicht.

«Ich stand unter Schock, ich war wie gelähmt, ich habe alles wie durch einen Tunnel wahrgenommen», sagt Tania später in ihrer Vernehmung. Tania gelang es, den einen Moment zur Flucht zu nutzen, als die Vergewaltiger kurz von ihr abließen, weil sie sich uneins über ihre weiteren Praktiken waren. Das Fahrrad lag noch auf der Straße.

Schock und körperliche Schmerzen wie Schürfwunden, Unterleibs- und Hüftschmerzen wurden ärztlich dokumentiert, Samenspuren von zwei Männern festgestellt, Tania bekam in der Klinik die «Pille danach». Es wurden Abstriche für die rechtsmedizinische Untersuchung genommen sowie eine Extrablutprobe für den Aidstest. Eine Untersuchung auf Geschlechtskrankheiten fand nicht statt.

Im Gesicht hielt sich lange schmerzender Ausschlag. Die Fragen auf dem Landeskriminalamt prasselten auf sie nieder, ungeachtet ihres Schockzustandes. Die Befragung wird nur unterbrochen, wenn Tania so sehr weinen muss, dass sie nicht mehr sprechen kann. Ärgerlich vermerkt der Polizist Weinkrämpfe, die die Vernehmung dauernd störten. Wenn sie die Wahrheit sage, passiere ihr auch nichts, hatte der Kommissar sie angefaucht. Tania weiß nicht, wie ihr geschieht, sie ist doch Opfer, nicht Täter, was soll ihr denn auf dem Landeskriminalamt passieren?

Tania weiß nicht, dass dieser Kommissar jedem Opfer zunächst einmal unterstellt, dass es lügen könnte. Im Sinne der Wahrheitsfindung muss das Opfer beweisen, dass es glaubwürdig ist. So die Fragetechnik. Er würde die Täter finden, hatte der Kommissar, der sie aktenkundig zunächst siezte, dann duzte, sich angebiedert, nur um sofort danach in ordinärem Ton zu behaupten, er glaube nicht, dass ein Mann zwei Mal hintereinander kommen könne. Wann und wie oft der Täter denn genau abgespritzt habe, fragt der Polizist. Tania übergibt sich, nachdem das Wort «abgespritzt» im Raum hallt.

Diese Wortwahl ist nicht im Protokoll dokumentiert, die Fragen sind insgesamt nicht wörtlich wiedergegeben, im Text heißt es mehrfach lediglich «auf Nachfrage», an anderen Stellen wurden von dem Kommissar drei Pünktchen getippt, oder in Klammern «unterbricht» anstelle seiner tatsächlichen Frage notiert. Allerdings sind Tanias Antworten ohne Auslassungen dokumentiert, zum Beispiel: «Ich finde das hier eklig».

Tania wird zur Tatortbesichtigung regelrecht gedrängt, nach langem Zureden «laut LKA-Vermerk» erreicht der Kommissar ihr Einverständnis. Mehrfach fährt er mit ihr den Tatort ab, Tania weint, zieht sich ihre Jacke über den Kopf, um nicht hinsehen zu müssen. Er überredet sie, auszusteigen.

Die Konfrontation mit dem Tatort birgt für das Opfer die Gefahr der Retraumatisierung. Es wäre nicht nötig gewesen, die vergewaltigte, noch unter Schock stehende junge Frau diesem

Risiko kurz nach der Tat auszusetzen, noch dazu ohne psychologische Begleitung. Tania wusste nicht, dass sie die Tatortbesichtigung ablehnen konnte, und auch ihre Freundin, die sie zu diesem Termin begleitete, hatte von dieser Möglichkeit nie gehört. Zu spät erfuhren beide dies von einer Anwältin, die Tania von einer Opferhilfsorganisation empfohlen wurde.

Die DNA-Spuren der Täter werden in einer Ermittlungsdatei gespeichert. Die Staatsanwaltschaft stellt Tanias Verfahren ein. Wenn sich aus den in der DNA-Datei gespeicherten Identifizierungsmustern weiterführende Ermittlungsansätze ergäben, sollten die Ermittlungen wieder aufgenommen werden.

Jahre später werden die Männer tatsächlich wieder auffällig – bei einem Überfall auf eine Kneipe in Tanias Viertel. Die DNA-Spuren stimmen überein. Aber für die Staatsanwaltschaft ist das kein Grund, den Fall wieder aufzurollen und weiter zu ermitteln. Das Recherchematerial liegt unbearbeitet in Tanias Akte.

Tania hat das Gefühl, Täter zu sein, nicht Opfer: ihr privates Umfeld wurde peinlich genau recherchiert, ihre Freunde auf die Polizeiwache geladen, Hinweisen ihrer Bekannten, die die Täter in jener Nacht gesehen zu haben glaubten, gingen die Polizisten jedoch nicht nach. Sie checkten am Computer, per Melderegister, ein paar Namen in einer Wohnung gegenüber der von Tanias Freunden und fanden nichts Verdächtiges. Einen Ortstermin oder sonstige Ermittlungen gab es nicht.

Die Polizei nahm sich viel Zeit, Tanias Freunde zu befragen: Würden sie ihre Beziehung zu der Frau als glücklich bezeichnen? Ob sie Beziehungsprobleme hätte? Ob sie vielleicht auf einer bestimmten Suche sei? Ein Problem in ihrem Privatleben? Wie ihr Lebenswandel sei? Wie sie ihren Tag verbringe? Ob sie früher schon mal vergewaltigt worden sei?

Wenn ein Kommissar Anhaltspunkte dafür hat, dass eine Vortäuschung oder falsche Verdächtigung vorliegt, dann muss kritisch nachgefragt werden, dann müssen bestimmte unbequeme Fragen gestellt werden. Dies ist der Fall, wenn sich bestimmte Aussagen nicht mit Spurenbildern oder Zeugenaussagen in Einklang bringen lassen. In Tanias Fall lagen solche Anhaltspunkte nicht vor. Im Gegenteil, Spuren und Aussagen stimmen überein. Die Tatbeschreibung mit den Spuren an der Kleidung, die Tatbeschreibung mit Tanias Verletzungen und den Besonderheiten des Tatorts. Tanias Aussagen sind detailliert und trotz der Weinkrämpfe sachlich, nirgends ein Widerspruch. Bereits in dem ersten Polizeibericht hatte die Kommissarin, die Tanias Anzeige aufnahm, im exakten Behördendeutsch geschrieben: «Die von ihr getätigten Angaben erscheinen glaubhaft.»

Polizisten und Polizistinnen, die für die Bearbeitung von Sexualdelikten speziell geschult sind, betonen, dass es keine Vorgabe gebe, die Opfer unter Druck zu setzen oder zu verunsichern, um Widersprüche herauszufinden. Was es gibt, ist die Vorgabe, objektiv zu ermitteln. Jeder in Deutschland hat ein Recht darauf.

Tanias Fazit aber ist: Die Täter laufen immer noch frei herum. Sie fühlt sich in ihrer Stadt nicht mehr wohl, in der man nach ihrem Eindruck soviel Zeit darauf verwendet, die Täter aus psychologischer Sicht zu verstehen, und in der man als Opfer weiter malträtiert wird.

Generelle oder standardisierte Fortbildungen für die Bearbeitung von Sexualdelikten gibt es in Deutschland nicht, jedes Bundesland arbeitet anders, in manchen Ländern auch jede Polizeidienststelle, jeder einzelne Bearbeiter. Der Ermessensbereich der einzelnen Bearbeiter ist weit gesteckt, was nicht immer mit der Kompetenz der Bearbeiter korreliert, auch dies wird in engagierten Polizeikreisen kritisch vermerkt. Von manchen Bearbeitern im Landeskriminalamt sagt man in Kollegenkreisen auf dem zuständigen Dezernat, dass sie «regelrechte Rambos, Machos,

Möchtegern-Schimanskis» seien. Manche gäben auch den «Hobbypsychologen». Tanias Kommissar beispielsweise vermerkt ein «Mutter-Tochter-Verhältnis» zwischen ihr und ihrer Freundin, ohne weitere Erklärungen hinzuzufügen, welche psychologischen Untersuchungen zu diesem Urteil geführt haben. Für Tania und ihre Freundin bleibt der fade Nachgeschmack, wegen ihrer sexuellen Orientierung diskriminiert worden zu sein.

Für Opfer gibt es überall die Möglichkeit, einen anderen Bearbeiter oder eine andere Bearbeiterin zu verlangen. Tania wusste auch nicht, dass auf vielen Revieren Polizistinnen als Opferschutz-Beauftragte eingesetzt sind. Sie können eine erste Informationsstelle sein. Sie beraten Opfer über ihre Rechte und auch darüber, welche weiteren Einrichtungen für sie Anlaufstellen sein könnten, zum Beispiel in juristischen oder psychologischen Fragen.

Vermerke und Protokolle gehen an Richter und Staatsanwälte, sie sind wichtige Quellen, aus denen sich Urteile speisen. Die Aussage des Opfers ist in Vergewaltigungsfällen oft das einzige Beweismittel. Ziel der Vernehmungen sollte eine möglichst hohe Qualität dieser Aussage sein. Supervision für Bearbeiter gibt es nicht auf dem Berliner Landeskriminalamt. Engagierte Polizisten bedauern dies, es sei schließlich auch für sie ein schweres, persönlich belastendes Thema: Kontrollinstanzen, mehr Fortbildungen sowie psychologische Hilfestellungen für Bearbeiter von Gewaltverbrechen wären angebracht. Sie haben vereinzelt mit solchen Maßnahmen bereits gute Erfahrungen gemacht. Es gab dort zum Beispiel Schulungen in Zusammenarbeit mit den Universitäten und den Frauennotrufen. Die Polizisten wurden sensibilisiert für den Umgang mit traumatisierten Vergewaltigungsopfern. Diese externen Kurse hätten das Klima und die Ergebnisse der Befragungen im Sinne der Wahrheitsfindung verbessert.

Manchmal scheinen die Fingerabdrücke der Täter noch durch Tanias Haut, sie zeichnen sich rot ab. Nach Albträumen in der

Nacht, so wie an diesem Novembertag, ist es so, als ob sich das Blut noch einmal staute. Tania streicht dann über die Stellen, um die Zirkulation anzuregen. Die Male sind dann wieder unsichtbar. Es ist, als ob man mehrere Leben in einem lebt. Wenn man zurückschaut, nach dem Ende des Albtraums, denkt man, man sieht nicht sich, sondern eine andere Person.

Tania schaut in den Spiegel auf ihrer Frisierkommode. Ihre Großmutter hatte sie ihr überlassen, als sie sich ihr Zimmer im Haus von Tanias Eltern neu einrichtete. Es sei gut, mit neuen Möbeln ein neues Leben zu beginnen, hatte ihre Großmutter befunden. Die Kommode hatte Tanias Freundin aufgearbeitet. Tania betrachtet sich im Spiegel.

Sie hatte das Haar locker zu einem Zopf gebunden, an jenem Abend, vor vier Jahren, bis sie ihr blaues Haargummi verlor in dem Hinterhof. Tania probiert die Hochsteckfrisur. Das war schön, jener Abend, als ein Freund alle ausgeführt hatte, in ein Musical, Wochen nach der Tat. Eine Abwechslung, fröhliche Stimmung. Ausgehen, mit einem Mann als Beschützer, Tania erinnert sich an dieses Gefühl der Sicherheit. Dieser Freund ist eine Ausnahme. Seit der Tat kann Tania Männer nicht gut um sich haben, sie mag den Geruch von Männern nicht, schon gar nicht den von Rauchern, sie erinnern an den Geruch der Täter. «Ich hatte diesen Geruch überall an meinem Körper.» Sie hält Abstand.

Tania zwirbelt vor dem Spiegel Locken in ihr blondes Haar, zieht sich ihr weißes Kleid an. Sie waren bereits vor der Tat zusammen, zwei Monate danach hatte ihre Freundin ihr den Heiratsantrag gemacht. Tanias Oma hatte sehr heftig reagiert, die deutlich ältere Lebensgefährtin wolle nur Tanias Situation ausnutzen. Tania solle in dieser Situation lieber keine Entscheidungen treffen. Tania hatte das verletzt. Das Verhältnis zu ihrer Oma blieb jahrelang getrübt. Heute weiß Tania, dass bei ihrer Oma lange verdrängte Wunden aufgebrochen waren, über die sie nicht sprechen konnte. Als junges Mädchen war sie in Berlin Ende des Zweiten Weltkrieges von Russen vergewaltigt worden. Ein offenes Geheimnis in Tanias Familie. Tania sieht ihre Oma in der Zeit der Bombenangriffe, in der Zeit des Hungers. Nur wenige Frauen dieser Kriegsgeneration haben darüber gesprochen.

Schau nicht zurück. Mit dem Schirm vor dem Gesicht kämpfen sich Tania und ihr Hund durch Graupelschauer. Den Blick auf den Weg vor sich gerichtet, scheint es, dass sie immer schneller werden, fast fliegen sie. Wenn sie zurückschaute, würde sie stolpern.

Tania hat zurückgeschaut, bis sie nicht mehr wollte, bis alles ausgesprochen war. Zunächst ein halbes Jahr stationäre Traumatherapie in einer Klinik für Psychosomatik. Dann klassische Gesprächstherapie. Sie hatte bei der Vergewaltigung das Gefühl, dass ihre Seele sich aus dem Geschehen ausklinke, um den Schrecken zu überleben. Ein Gefühl, dass sie mit vielen Gewaltopfern teilt. Tania hat es geschafft, in ihren Körper zurückzukehren, der verletzlicher ist als zuvor. Ihr sportlich geprägtes Körpergefühl mag dazu beigetragen haben, dass sie sich in ihrer Haut wieder wohlfühlt, trotz der Wundmale.

Die Rückkehr ins Leben war begleitet von Sitzungen bei einem Heilpraktiker, der mit ihr Übungen machte, um die Erinnerung auszulöschen. Er spreche mit ihrem Körper, hatte er ihr erklärt. Schmerzen verschwanden. Sie beendete die Behandlung, als der Heilpraktiker für ihr Empfinden zuviel über die Tat sprach, als er hellseherisch versuchte, die Täter ausfindig zu machen. Tania wollte nicht mehr an die Tat denken, sie interessierte sich vielmehr dafür, die Erinnerung auszutricksen. Sie lernte, das Gehirn zu trainieren. Wenn sich im Alltag eine störende Erinnerung aufdrängt, hält sich Tania den Zeigefinger auf Nasenhöhe vor das Gesicht, bewegt die Augen von rechts nach links, und zwar so schnell, dass sie den Finger nicht mehr sieht.

Tania tankt Energie im Park, sie genießt die Empathie ihres Hundes, der ihre Stimmung spürt, ihr die Leine an das Sofa trägt, um sie daran zu erinnern, dass frische Luft helfen kann.

Sie bezeichnet sich nicht als lesbische Frau. Bevor Tania sich in ihre Freundin verliebt hat, war Tania mit einem Mann zusammen. Mit ihrem früheren Freund hatte sie eine typische Jugendbeziehung. Aber nach der Gewalt hat sie es als schicksalhaft angesehen, mit einer Frau zusammen zu sein. Seitdem kann sie unter keinen Umständen mehr mit einem Mann schlafen, davon ist sie überzeugt, vier Jahre nach der Vergewaltigung.

Übervorsichtig war ihre Freundin, und aufgerieben hat sie sich in Selbstvorwürfen, dass sie Tania an jenem Abend und bei der Polizei nicht beschützen konnte. Die Beziehung war belastet, sie trennten sich beinahe. Sie haben sich Zeit gelassen. Auch Tanias Partnerin hat sich psychologisch beraten lassen. Sie ist Fitnesstrainerin, sie lernt an diesem Sonntag die Art der Kontrolle der Bewegung nach Pilates in einer Fortbildung. Es kommt auf die präzise Atmung an, auf ein angenehmes Lächeln. Lachen nicht nur gesund, sondern macht auch schön. Es entspannt die Gesichts- und stärkt die Bauchmuskulatur, letzteres ist essentiell für eine gute Haltung. Tania betreibt bereits diese gymnastische Sportart, die aus der Physiotherapie entstanden ist, um ohne allzu große Anstrengung, mit präziser Atmung, die Verspannungen aus ihrem Körper zu entlassen. Und damit nach und nach auch die Verletzungen, die zu den Verspannungen geführt haben. Tania erwägt, zusätzlich einen Selbstverteidigungskurs zu belegen. Eine chinesische Kampfkunst, in der es auf Geschick, Ausdauer, Haltung ankommt. Das könnte sie so stark machen, dass sie sich wieder freier in der Stadt zu bewegen traut.

Nach der Vergewaltigung konnte Tania nicht mehr in ihrem Beruf als Kosmetikerin arbeiten. Sie hat sich nach den ersten Therapiemonaten für eine Ausbildung in einem heilenden Beruf entschieden, zur Physiotherapeutin. Nach ihrer eigenen Gewalterfahrung fühlte sie sich dafür stark genug. Doch die mündliche Prüfung fiel genau auf den Jahrestag der Vergewaltigung. Tania fiel durch, aber sie hat noch einen Versuch.

Tanias Wahrnehmung hat sich seit der Tat verändert. Sie glaubt Menschen besser lesen zu können. Sie erkennt, wer «echt» ist, wer ehrlich ist und wer nicht. Sie bemüht sich, Grenzen zu setzen gegenüber Menschen, um sich zu schützen. Sie lernt, nein zu sagen, wenn sie erkennt, dass sie überfordert ist. Ihre eigenen Grenzen hatte sie vorher nicht so bewusst wahrgenommen.

In der ersten Zeit nach der Tat war sie oft bei ihren Eltern, in ihrem Häuschen am Stadtrand. Anfangs hätte sie gern darüber gesprochen, doch dazu waren ihre Eltern nicht bereit, ihr Vater, ein Kfz-Meister, noch weniger als ihre Mutter. Er sei eben wie so viele Männer, tröstet sich Tania, er könne nun einmal nicht über Gefühle sprechen. Ihre Mutter, Beamtin auf dem Einwohnermeldeamt, wartete immer auf Zeichen, dass sie «es» hinter sich hätte, dass alles wieder seine Ordnung hätte. In der ersten Zeit vermisste Tania Verständnis, auch verbal. Dennoch verbrachte sie viel Zeit in dem Haus, machte dort Pausen, konnte manchmal sogar die Tania von früher sein. Heute wertet sie es als eine Wohltat, dass ihre Familie, so gut es ging, ihren eigenen Alltag fortlebte, ihre Eltern schafften Kontinuität.

Tanias ein Jahr jüngerer Bruder schwankte zwischen Rachegelüsten und Hilflosigkeit, seine Schwester nicht vor dem Schrecken bewahrt haben zu können. Er übersetzte seinen Kummer und seine Wut in Musik.

Tania zündet das Feuer im Kamin an, und macht es sich auf dem Sofa gemütlich. Ihre Freundin kommt erst spät von der Fortbildung zurück. Da knackt es. Schritte. Tania ist sicher, es sind Schritte auf dem Parkett. Der Hund sieht sie fragend an. Es sind nur die knackenden Holzscheite im Kamin. Tania schafft es nicht, durch die Vorhänge zwischen Wohn- und Schlafzimmer zu gehen. Sie beschließt, auf dem Sofa zu schlafen, mit dem Hund zu ihren Füßen. Sie wünscht sich einen schönen Traum.

LENA

Lena und ihre Schulfreundin wollen mit dem Auto in den Tod rasen, ein paar Tage, nachdem Lena vergewaltigt wurde. Die Mädchen sind beide vierzehn. Ihr ginge es auch nicht besser, klagt die Schulfreundin, sie sei von ihrem eigenen Bruder vergewaltigt worden: «Komm, lass uns losfahren.» Sie schalten aggressive Musik ein, und denken nicht mehr nach. Sie geben einfach Vollgas, mitten in der Stadt. Sie rasen in parkende Wagen, das Auto kommt zum Stehen. Jenseits von Eden, denn sie wissen nicht, was sie tun.

Zwei Jahre später ist Lena sicher, dass Schutzengel in dieser «Fünf-Minuten-Flause» bei ihnen waren. Unverletzt verlassen die Mädchen das Auto, wie durch ein Wunder ist ihnen nichts passiert, sie waren nicht einmal angeschnallt. Das Auto gehört Lenas allein erziehender Mutter, einer Sozialhilfeempfängerin. Sie hat wegen der Unfallschäden mehr als fünfundzwanzigtausend Euro Schulden. Ihre Mutter geht nun regelmäßig zur Schuldnerberatung. Hinzu kommt, dass Lenas Einbürgerungsantrag nach dem Fahren ohne Führerschein abgelehnt wurde. Sie ist zwar in Deutschland geboren und aufgewachsen, hat aber immer nur befristete Aufenthaltsgenehmigungen. Lenas Familie stammt aus Serbien.

Lena ist christlich-orthodox erzogen, sie wollte eines Tages unversehrt in die Ehe gehen, nun fühlt sie sich geschändet. Zwei Jahre nach der Tat ist Lena weiterhin suizidgefährdet. Nach der Vergewaltigung hat sie Anzeige erstattet, begleitet von ihrer Mutter und ihrem älteren Bruder. Aus dem ärztlichen Befundbericht:

«Er habe ihr mit dem Besitz einer Schusswaffe gedroht. In der Wohnung habe sie ein Glas Wasser zu sich genommen, danach hätte sie das Bewusstsein verloren und wäre erst wieder aufgewacht, als sie völlig unbekleidet unter dem Täter zu sich gekommen sei. Sie konnte keine Angaben machen, ob der Täter ein Kondom benutzte … Seither bestehen Unterleibsschmerzen. Sie hat eine blutige Unterhose der Polizei übergeben.»

Lena hat Angst, sie könnte schwanger sein. Auch Lenas Jungfernschaft ist ärztlich vermerkt, wenige Tage vor der Tat war die Schülerin beim Frauenarzt: «virgo». Nach der Untersuchung, die knapp einen Tag nach der Tat in einer Klinik vorgenommen wird, beschreiben die Ärzte ihre Untersuchung des Jungfernhäutchens: «Bei der Hymenalinspektion zeigt sich ein kleiner Einriss, der relativ frisch entstanden sein muss. Ansonsten keine älteren Einrisse.»

Lena möchte Polizistin werden, an diesem Tag hatte sie vor, sich nach Schulschluss eine Kampfsportschule anzuschauen, ihre Sportlehrerin hat ihr die Adresse gegeben. Mit dem Zettel in der Hand schlendert sie die Straße entlang. Der junge Mann spricht sie an, sie kommen ins Gespräch. Er kenne die Leute von der Kampfsportschule, er sei beim Sicherheitsdienst, er könne Kontakte für sie machen, auch bei der Polizei, sie solle ihm doch schon einmal ihre Handynummer geben. Lena schenkt diesem Fremden Vertrauen. Doch der Mann führt sie nicht zu der Kampfsportschule, sondern zwingt sie in seine Wohnung.

Er gibt ihr ein Glas Wasser, Lena trinkt, kurz darauf setzt ihre Erinnerung aus. Sie habe ein Blackout gehabt, ihr war übel, sie hatte keine Orientierung mehr. Im Polizeibericht am Tag der Anzeigestellung heißt es: «Die Geschädigte konnte keine zusammenhängenden Abläufe schildern, auch zeitliche Einordnungen waren ihr nicht möglich. Bereits zu Beginn der Befragung gab sie an, keinerlei Erinnerung an die eigentliche Tat zu haben.»

Anzeichen dafür, dass der Beschuldigte K.O.-Tropfen eingesetzt haben könnte, dass geruch- geschmack- und farblose Substanzen in dem Wasser waren, das er Lena zu trinken gab.

K.O.-Tropfen sind je nach Zusammensetzung und Dosis von wenigen Stunden bis zu drei Tagen im Blut oder Urin nachweisbar. Es ist zumindest möglich, dass in Lenas Glas betäubende Substanzen waren, die bei der ärztlichen Untersuchung bereits verstoffwechselt oder ausgeschieden waren. In dem ärztlichen Bericht ist vermerkt: «Zurzeit keine konservativen Therapien oder Medikamenteneinnahme. Die Patientin verneint Drogen- oder Alkoholkonsum.» Die Ärzte nehmen Blutproben zur Blutalkoholbestimmung sowie Urinproben zur Drogenbestimmung. «Das gewonnene Material geht an die Kriminalpolizei», heißt es im ärztlichen Bericht unter der Rubrik «Zusatzuntersuchungen und Entnahmen von Untersuchungsmaterial».

Dies wären Beweismittel für K.O.-Tropfen gewesen, doch diese Proben werden nicht analysiert.

Lena hatte von Anfang an typische Anzeichen der Wirkung von K.O.-Tropfen. Diese bestehen in der Regel aus Medikamenten mit betäubender Wirkung, die in erhöhter Dosis verabreicht werden, wie zum Beispiel Schlafmittel, Psychopharmaka, Substanzen mit halluzinogener Wirkung sowie Arzneimittel mit dämpfender und berauschender Wirkung.

Im Blut sind sie nur bis zu vierundzwanzig Stunden feststellbar. Lena wurde zirka vierundzwanzig Stunden nach der Tat in der Klinik untersucht. Die Ärzte nahmen eine Urinprobe, im Urin sind die Wirkstoffe je nach deren Art bis zu drei Tage nachweisbar.

Rechtsmediziner raten Opfern bei Verdacht auf K.O.-Tropfen, so schnell wie möglich nach der Tat eine Urinprobe in einem einfachen, ausgewaschenen Glas sicherzustellen, weil sie eben noch Tage nach der Tat getestet werden können. Im Haar sind die Wirkstoffe sogar noch ein bis zwei Monate lang nachweisbar, in diesen empfindlichen Tests gegebenenfalls auch noch länger. Proben werden in rechtsmedizinischen Instituten entnommen. Von Berlin aus werden sie zur Zeit nach Frankreich geschickt, wo sie in einem hoch spezialisierten Labor analysiert werden. Eine Haaranalyse wird bei Lena nicht veranlasst.

Lenas Urinprobe hätte aufgrund der von Lena beschriebenen Indikation im gut eingerichteten, hauseigenen toxikologischen Institut des Landeskriminalamtes in Berlin getestet werden können. Auch war in Lenas Fall Name und Adresse des Täters bekannt, eine rechtzeitige Hausdurchsuchung fand nicht statt, das Glas, aus dem Lena trank, hätte nach Anzeigestellung vielleicht noch gesichert werden können, ebenso etwaige verdächtige Tabletten, Tablettenverpackungen, Substanzen.

Starke Benommenheit, Bewusstlosigkeit, Willenlosigkeit, Sprachstörungen, bruchstückhafte Erinnerung, Ohnmacht, Verwirrung, Handlungsunfähigkeit – obwohl von außen der Eindruck entsteht, das Opfer sei noch bei sich –, plötzliches Zusichkommen oder auch eine zeitlich verspätet einsetzende Erinnerung, all dies können Hinweise auf K.O.-Tropfen sein. Eine typische Folge ist die anterograde Amnesie, bei der die Erinnerungsfähigkeit für kürzere oder längere Zeit gestört ist, auch wenn das Bewusstsein bereits wieder aufgehellt ist. Lena hatte am Tag nach der Tat bei der Polizei und bei der ärztlichen Untersuchung Symptome anterograder Amnesie. Erst Tage nach der Tat konnte sich Lena erinnern, dass der Beschuldigte begonnen hatte, sie zu befummeln, nachdem sie das Wasser getrunken hatte, sie sei noch vollständig bekleidet gewesen, sie habe Jeans, T-Shirt, Pullover und Turnschuhe getragen. Sie habe auf einer Bettkante gesessen, sie habe noch nein gesagt, ab da habe sie den Blackout, erinnerte sich Lena an die Minuten nach dem Trinken des Wassers und vor dem Blackout, erst ein paar Tage nach der Tat in der Vernehmung.

Manche Opfer glauben sich selbst nicht und kommen erst im Nachhinein darauf, dass sie Tropfen mit drogenähnlicher Wirkung in einem unbeobachteten Moment in ihr Glas geschummelt bekamen. Manche erklären sich die Symptome lediglich mit dem Alkohol, den sie zu sich nahmen. Manche Betroffene fühlen sich mitschuldig, wenn sie Alkohol tranken, und dadurch den K.O.-Tropfentrick nicht bemerkten. Manche haben Angst, verrückt zu sein, wegen ihrer Aussetzer, wegen diffuser fragmentarischer Bilder, wegen überbordender Flashbacks. Alkohol kann die Wirkung der Tropfen verstärken. Die Kombinationswirkung kann zu Symptomen extremer Trunkenheit führen. Scheinbar freiwillig folgen Opfer den Tätern. Manchmal fallen die Symptome Angehörigen oder Freunden eher auf als einem Opfer, sie sollten die Hinweise an die Polizei weitergeben, es wird dann durchaus ermittelt. Manche Täter machen sich Opfer auf diese Weise gefügig. Oft kommen weitere strafrechtlich relevante Vergehen hinzu, wie zum Beispiel Freiheitsberaubung und Verbreitung pornographischer Aufnahmen des Missbrauchs.

Bekannt ist, dass K.O.-Tropfen in der Kneipen-, Party-, Disko- und auch Festivalszene eingesetzt werden. Schützen kann man sich kaum: nur aus Flaschen trinken, die man selbst geöffnet hat, das Glas nicht unbeobachtet lassen, bestimmte Szenen besser meiden. Bekannt ist auch, dass es eine hohe Dunkelziffer gibt, wenn es um Vergewaltigungen unter Einsatz drogenähnlicher Substanzen geht, zu denen auch «Liquid Ecstasy» zählt. Opfer scheuen oft eine Anzeige. Ein Grund kann eine bestehende Drogenabhängigkeit sein. Manche Täter schüchtern Betroffene ein, wenn sie vorher freiwillig illegale Drogen wie Cannabis konsumierten. Manche gelegentlich Drogen nehmende «Diskomädchen» haben Angst vor der Haaranalyse. Je nachdem, welcher Abschnitt des Haars getestet wird, kann auch eine mehrere Monate lang zurückliegende Drogeneinnahme nachgewiesen werden. Bekannt ist auch, dass Frauen bei der Polizei nicht geglaubt wird, wenn ein sogenannter Mischkonsum aus Alkohol und K.O.-Tropfen vorliegt. In Lenas Fall hat die Polizistin von vornherein eine Zugehörigkeit zu einem dieser Milieus unterstellt und keine weiteren Ermittlungen in Richtung auf die K.O.-Tropfen eingeleitet. Es wäre auch zu diesem Zeitpunkt noch rechtzeitig gewesen.

In den Vernehmungen ist von Anfang an die Sozialarbeiterin ihrer Schule als Augenzeugin dabei. Sie ist darüber empört, dass die Polizistin davon ausgeht, Lena wolle mit der Anzeige ein «Partygirlabenteuer» tarnen. Partygirls redeten sich auf den Einsatz von K.O.-Tropfen heraus, wenn sie etwas zu vertuschen hätten, das sei ja nichts Neues, müssen sich Lena und die Sozialarbeiterin von der Polizistin sagen lassen. Das Wort «Partygirl» steht nicht im Protokoll, aber die Sozialarbeiterin hat es sich gemerkt: «Lena ist ganz gewiss kein Partygirl, sie ist eine behütete Jugendliche, sie bewegt sich nicht in solchen Milieus.» Nach zwanzig Uhr abends darf Lena nicht aus dem Haus, außer im Kreise der Familie.

Falschaussagen von pubertierenden Mädchen sind – auch polizeiinternen Forschungen zufolge – äußerst selten, häufiger sind in dieser Altersgruppe Unerfahrenheit und Naivität. Lena sei eine zurückhaltende, zuverlässige Schülerin, so die Sozialarbeiterin.

Allerdings arbeitet der Beschuldigte in einer Diskothek.

Abgesehen davon ist das Verabreichen von K.O.-Tropfen keineswegs nur ein Szeneproblem. Narkosestoffe werden in Vergewaltigungsfällen auch im Bereich häuslicher Gewalt eingesetzt, oder im sozialen Nahbereich. K.O.-Tropfen werden auch Speisen beigemischt.

Die Zahl der Fälle, in denen K.O.-Tropfen ermittelt werden, ist eher gering, und in den vergangenen Jahren unverändert. Allerdings macht man sich in Fachkreisen Sorgen über die Dunkelziffer. Da viele Betroffene nicht erkennen, was ihnen geschah, stellen sie in logischer Konsequenz keine Anzeige. Für die Polizei gilt: Was man nicht sucht, wird selten ermittelt.

Meistens gar nicht, wie der Fall Lena zeigt.

K.O.-Tropfen werden auch in anderen Verbrechensfeldern eingesetzt, wie zum Beispiel bei Raub, sie sind nicht neu, sie sind der Polizei nicht unbekannt. Es gibt keinen Grund, bei Vergewaltigungen nicht in diese Richtung zu ermitteln.

Das heimtückische Verabreichen von K.O.-Tropfen ist ein gewaltsamer Eingriff in den Bewusstseinszustand des Opfers. Dies ist eine schwere traumatische Erfahrung wie die sexuelle Gewalt; beide Ereignisse sind für das Opfer existentiell bedrohlich. Bei Einsatz von K.O.-Tropfen sind Gegenwehr oder Flucht ausgeschlossen, für Betroffene ist es äußerst belastend, diese extreme Erfahrung des Missbrauchs im Zustand der Bewusstlosigkeit zu verarbeiten. Es kann sein, dass sich Opfer willenlos an sexuellen Handlungen beteiligen, eine nur schwer zu bewältigende Demütigung. Eine Überdosis kann gefährliche körperliche Folgen wie Vergiftungen auslösen oder sogar tödlich sein.

Für Lena ist die Tat das Ende der Kindheit. In ihrer großen Familie werden die Sitten und Gebräuche ihrer Religion befolgt. Keuschheit ist für Lena selbstverständlich. Sie interessierte sich für die Schule, sie lernte begeistert, auch im Haushalt. An jenem Tag im Frühling, als Lena nicht nach Hause kam, hatte ihre Mutter ein Lamm gekauft für einen Feiertag, sie wollte Lena die Zubereitung erklären. Lenas Mutter begann dann allein mit den Festvorbereitungen, sie war ganz unruhig und hatte große Angst um ihre Tochter, bis die endlich anrief, ihr Bruder sie abholte, sie in der Küche in Tränen ausbrach und ihrer Mutter alles erzählte.

In der Zeit nach der Tat weint Lena viel, sie hat Schlafstörungen. Es hilft ihr, dass ihre Mutter und ihre Tante bei ihr übernachten.

Als die Vierzehnjährige in der Vernehmung die Geschlechtsteile nicht benennen kann, braust die Polizistin auf: «Hattest du etwa keinen Aufklärungsunterricht in der Schule?» Lena benutzt diese Worte nun einmal nicht. Sie schämt sich. Sie weint. «Nein, ich hatte noch keinen Aufklärungsunterricht.» Aus dem polizeilichen Vermerk: «Fragen zu sexuellen Handlungen beantwortete sie anfangs häufig mit einer Umschreibung und der Bezeichnung ‹Dings›. Auch hier musste sie mehrfach ermahnt werden, dass sie sicherlich eine andere Ausdrucksweise hierfür kenne und nicht nur ‹Dings›.»

Wenn ein Mädchen aus Lenas Familie heiratet, dauert die Hochzeit drei Tage. Zu den Traditionen gehört es, dass nach der Hochzeitsnacht allen das jungfräuliche Blut auf dem weißen Stoff des Brauthemdchens oder des Lakens gezeigt wird. Die Braut hebt diesen Beweis für immer auf. – Lena wollte auch so feiern.

Auf der Polizei beschreibt sie, wie sie ihre Entjungferung erlebte: «Ich habe dann das Blut in der Unterhose gesehen… ich habe geweint und geschrieen.» Dies geschah noch in der Wohnung des Täters – der hier der Korrektheit halber Beschuldigter genannt werden muss, denn er ist nicht verurteilt worden –, bevor er sie gehen ließ.

Sie zeigte dem Beschuldigten ihre Unterwäsche. «Er war still und fragte, ob ich meine Tage hätte, ich sagte unter Tränen, dass er mich entjungfert hätte. Er sagte, das sei nichts Besonderes. Es brannte und tat weh. Er sagte dann, dass ich allein gehen soll, so wie ein Gegenstand, den er nicht mehr benötigt und dann wegwirft. Ich fühlte mich eklig, benutzt, wie eine Schlampe.»

Sie ist zutiefst in ihrem weiblichen Stolz verletzt, die polizeiliche Befragung ist eine Fortsetzung dieser Ehrverletzung für sie und für ihre ganze Familie.

Später tröstet ihr Bruder sie. Wenn sie sich eines Tages verliebt, wird er mit dem Mann reden. Lenas Bruder wünscht sich, dass sie ihm dann Bescheid sagt, dass er zufrieden sein kann mit ihrer Wahl, dass sein Herz dann erleichtert ist, dass sie heiratet. «Ich würde ausflippen, wenn ein Mann sie nur für ein paar Stunden wollte, oder sofort mit ihr schlafen würde. Wenn ich ihm nicht vertrauen könnte.» Lenas Bruder ist drei Jahre älter als sie. Sie leben zusammen in der Wohnung ihrer Mutter. Da Lenas Eltern sich getrennt haben, hat ihr Bruder die Rolle des Familienoberhauptes übernommen. Er denke viel darüber nach, was Lena passiert sei, sagt ihr Bruder, es sei nicht leicht für ihn.

Lenas Vater hatte einen Herzinfarkt. Nachdem er von der Tat erfuhr im Krankenhaus, rief er nach seiner Tochter. Er hatte ein schlechtes Gewissen, denkt Lena, weil er seine Kinder im Stich ließ, vor acht Jahren, doch erst, als Lena Gewalt angetan wurde, sei ihm das bewusst geworden. Lenas Mutter hatte nach der Vergewaltigung zwei Schlaganfälle. Sie arbeitet nun in Gesprächen mit ihrer Tochter ihr eigenes Leid auf. Nie hat sie erfahren, was Liebe ist zwischen Mann und Frau, sie wurde jung vermählt, von ihrem Mann geschlagen, bekam zwei Söhne und dann noch eine Tochter, Lena. Als Lena sechs Jahre alt war, verließ der Mann sie. Seither bringt sie die Kinder mit Sozialhilfe durch.

«Das waren auch Vergewaltigungen», schaut Lenas Mutter auf ihre Ehe zurück, noch heute hat sie Angst vor ihrem Mann.

Jede siebte in Deutschland lebende Frau hat wissenschaftlichen Studien zufolge Formen sexueller Gewalt erlebt, jede dritte hat körperliche Übergriffe erfahren. Gewalt gegen Frauen wird überwiegend durch Partner oder Expartner im häuslichen Bereich verübt. Frauen in Trennungs- oder Scheidungssituationen sind besonders gefährdet, Opfer von Gewalt durch den Expartner zu werden. Die nächste, große Tätergruppe sind Väter, Onkel, der neue Ehemann der Mutter, Cousins, Brüder.

Für Frauen, die in Kindheit und Jugend, also vor dem sechzehnten Lebensjahr, häusliche Gewalt direkt oder indirekt erlebt haben, ist das Risiko besonders hoch, selbst Opfer zu werden. Manchmal entstehen Biographien der Gewalt. Manchmal über Generationen hinweg. Kinder, Frauen, Töchter, Mütter, Großmütter. Geerbte Wunden. Bewusst. Unbewusst. Je nachdem.

Eine Hell-Dunkel-Feldanalyse hat ein Verhältnis von eins zu zwanzig ergeben; d.h. auf eine zur Anzeige gebrachte Vergewaltigung kommen zwanzig, die nicht angezeigt wurden. Vor allem Opfer häuslicher Gewalt schweigen über ihre Pein. Gründe dafür können Scham, Schwäche, soziale und wirtschaftliche Abhängigkeit, Angst vor noch mehr Gewalt sein. Manche Opfer erleben Gewalt als normal.

Körperliche Gewalt. Beispiele: Wegschubsen, Ohrfeige, Treten, schmerzendes Armumdrehen, schmerzendes Beißen und Kratzen, hartes Anfassen, heftiges Wegschleudern, Schläge mit der Hand, Schläge mit der Faust, Schläge mit Gegenständen, das Werfen mit Gegenständen. Hinterlistiger Überfall. Drohungen, körperlich anzugreifen oder zu verletzen. Drohungen, jemanden umzubringen. Verprügeln, Zusammenschlagen. Würgen, Ersticken. Absichtliches Verbrühen. Drohungen mit

Waffen, zum Beispiel mit einem Messer oder einer Pistole. Verletzungen durch Waffen. Erzwungene sexuelle Handlungen.

Körperliche Gewalt ist strafbar. Auf einfache Körperverletzung stehen laut Strafgesetzbuch bis zu fünf Jahre Freiheitsstrafe oder eine Geldstrafe, auf schwere Körperverletzung bis zu zehn Jahre Freiheitsstrafe. Auf sexuelle Nötigung, Vergewaltigung können Freiheitsstrafen von sechs Monaten bis zu fünfzehn Jahren verhängt werden.

Unter den Migrantinnen aus Osteuropa, zu denen Lena und ihre Mutter zählen, haben fast die Hälfte körperliche oder sexuelle Gewalt, oder beides, erlebt. Lena und ihre Mutter haben häusliche Gewalt durch den Vater erfahren, die Mutter direkt, Lena indirekt. Kinder sind oft von Anfang an in die Gewalt gegen die Mutter involviert, schon während der Schwangerschaft oder direkt nach der Geburt.

Lena hat sich gegen den Vater und dessen soziales Umfeld abgeschottet und eine starke Beziehung zu ihrer Mutter als Vertrauensperson entwickelt.

Lena ist ein aufgewecktes Mädchen, sie hatte in der Grundschule eine Gymnasialempfehlung, ging dann aber auf eine Gesamtschule. Sie sollte Abitur machen und es einmal besser haben, wünschte sich ihre Mutter. Sie sollte einen Beruf erlernen, um nie von einem Mann abhängig zu sein. Die Skepsis ihrer Mutter gegenüber Männern habe sie früh als Tochter übernommen, darüber ist Lena sich klar.

Sie habe ihr eigenes schlimmes Bild von Männern kompromisslos auf Lena übertragen, räumt ihre Mutter ein, schließlich sei es ja auch möglich, glücklich verheiratet zu sein. In den eigenen vier Wänden führen Lena und ihre Mutter offene Gespräche über diese schweren Themen, oft auch gemeinsam mit Lenas Bruder.

Seit der Tat hat Lena Schulprobleme, manchmal leidet sie unter Blockaden, sie kann dem Mathematikunterricht dann nicht folgen, diese Nebel im Kopf nerven sie, früher hat sie immer alles verstanden. Früher hatte sie sehr gute Zeugnisse.

Seit der Tat folge ein Unglück auf das andere, konstatiert Lenas Mutter traurig. In der Schule wurde Lena sexuell belästigt. Bis ein türkischer Mitschüler sie derart unsittlich begrapschte, dass ihr die Hand ausrutschte. Lena wurde in eine Schlägerei verwickelt, sie flog von der Schule. Sie geht nun auf eine andere Schule, in die zehnte Klasse einer anderen Gesamtschule. Ob die Mitschüler in ihrer alten Schule von der Vergewaltigung gehört hatten, weiß sie nicht. Es könne aber sein, es sei dort sehr viel getratscht worden, sorgt sie sich. Das Hauptproblem an der Schule lag für Lena darin, dass sie und ihre Schulfreundin die einzigen Mädchen in der Klasse waren, die keine Kopftücher trugen. Lena lebt in einem mehrheitlich türkischen Berliner Bezirk. Zunächst hänselten die Mitschüler und Mitschülerinnen muslimischen Glaubens sie, weil sie ein christliches Kreuz um den Hals trug: «Haha, was soll das denn für ein Kreuz sein», dann hetzten sie, radikale Äußerungen wie «dein Gott ist gar kein Gott, es gibt nur einen Gott, unseren», ängstigten Lena. Sie schimpften sie «Nutte», weil sie kein Kopftuch trug.

Lena war gern auf die Schule gegangen, der Unterricht verlief ruhiger als der an der neuen Schule. Anfangs steckte sie die gegen ihren Glauben gerichteten Vorurteile einfach weg, sie trug ihr Kreuz eben unter dem Pullover. Irgendwie kam sie schon mit den Mitschülern und Mitschülerinnen zurecht auf dem Pausenhof. Erst als es zu den sexuellen Beleidigungen kam, wurde es ihr zuviel: Sie sollte sich nach der Vergewaltigung noch einmal wie eine Schlampe fühlen. Das ließ sie sich nicht gefallen, sie wehrte sich. Dass nicht die anderen, sondern sie gehen musste, führt sie darauf zurück, dass sie an dieser Schule eine Außenseiterin war.

Seit der Vergewaltigung trägt Lena immer ein Messer bei sich, um sich notfalls wehren zu können. Nur nicht an diesem Tag, anderthalb Jahre nach der Tat: Normalerweise bringen die Tante oder Lenas Mutter die Mädchen mit dem Auto zu ihrem Training in den Frauensportclub und holen sie auch wieder ab. Heute sind sie alleine unterwegs. Plaudernd steht Lena mit ihrer Cousine am U-Bahnhof und fühlt sich plötzlich komisch. Ein Kerl beobachte sie, er stehe hinter ihr, warnt sie die Cousine. Lena dreht sich um, in Zeitlupe erkennt sie den Beschuldigten. «Hätte ich das Messer dabei gehabt, ich hätte zugestochen», sagt sie. «In dem Moment denkt man nicht nach.» Die beiden Mädchen ergreifen die Flucht, rennen durch die engen Straßen nach Hause.

Seitdem ist Lena nicht mehr zum Sport gegangen, zusammen mit ihrer Cousine. Vielleicht war es kein Zufall, vielleicht hatte der Täter herausgefunden, wo sie trainierte.

Lena zieht sich noch mehr zurück. Ihre Mutter überlegt, entweder Rache an dem Täter zu üben, was sie gleich wieder verwirft, oder mit ihrer Tochter aus Berlin wegzuziehen.

Lenas Albtraum ist präsent in ihrem Alltag, sie trägt sich mit Selbstmordgedanken, so wie direkt nach der Tat. Das Leid lässt ihren Kopf zerspringen. Sie sucht Wege, das Monster des Traumas zu bezwingen. Sie beobachtet ihre eigenen Persönlichkeitsveränderungen. Sie versucht, diese Lena, die so anders ist als die Lena vor der Tat, zu analysieren. Sie lauscht auf ihr Selbst. «Ich glaube intensiv an Gott, ich gehe in die Kirche, ich zünde Kerzen an. Aber ich kleide mich immer in Schwarz. Ich schreie meine Mutter an, ich bin faul, ich bin dick, ich mache in meinem verdunkelten Zimmer eine kleine Kerze an, lege mich unter meine Decke und bin leise. Ich möchte nicht zeigen, dass ich betroffen bin.» Als ob sie sich in einen Sarg legte. Ihre Mutter lässt sie nie allein. Sie würde Lena gerne verwöhnen, um sie auf andere Gedanken zu bringen, sie würde gern mit ihr verreisen, oder endlich einen Computer kaufen, den sie für die Schulaufgaben bräuchte, doch dazu fehlt das Geld. Wenn Lena etwas im Internet recherchieren muss, begleitet sie ihr Bruder in ein Internetcafé.

«Wir haben nur uns», sagt Lenas Mutter. Lena und ihre Mutter kochen gern gemeinsam, sie genießen es, wenn die große Familie einschließlich der kleinen Kinder von Lenas ältestem Bruder, der bereits verheiratet ist, um den Tisch sitzt. «Ich bin ein richtiger Familienmensch», lacht Lena dann, und ihre Mutter erzählt gern von dem kleinen Bauernhof, den sie in Serbien hatten: etwas Ackerland, ein Obstgarten, ein paar Tiere im Stall hinter dem Haus. Der Hof wurde in der Familie vererbt und war Basis eines bescheidenen Daseins. Im Winter schnitzten die männlichen Familienmitglieder Holzlöffel, die weiblichen strickten Pullover für den Verkauf auf dem Wochenmarkt. In den achtziger Jahren gingen nach und nach Brüder und Cousins nach Deutschland, wurden Hilfsarbeiter und holten schließlich die ganze Verwandtschaft nach. So kam Lenas Mutter, die als junges Mädchen in Jugoslawien noch zwei Jahre lang ein Gymnasium besucht hatte, nach Berlin, das sie seither nie mehr verlassen hat. Sie wollte in Deutschland weiter zur Schule gehen, stattdessen blieb sie in der Wohnung ihrer Verwandten und wurde mit ihrem Mann verkuppelt, gegen ihren Willen, eine Zwangsverheiratung. Ihre Schwestern heirateten Deutsche und Italiener, sie leben in Nordrhein-Westfalen, im Industriegebiet. Sie seien eine multikulturelle Familie, aber leider seien sie nun in Deutschland alle gar nicht zusammen, wie ursprünglich geplant, sondern über das ganze Land verstreut, bedauert Lenas Mutter. Immerhin lebt ihr Bruder mit seiner Frau und den Kindern in Berlin. Die nächste Generation, also Lenas Vettern und Cousinen, rücken aber wieder näher zusammen, sie wollen auch lieber unter sich bleiben, und keine Deutschen heiraten, sie sind beinah traditioneller orientiert als ihre Eltern, auf ihrer Suche nach Identität. Lenas Mutter beobachtet diese Entwicklung kritisch.

Nach der Tat vereinbart Lena mit einer aus öffentlichen Mitteln finanzierten Einrichtung für Opfer Termine. Sie sucht Antwort auf ihre Frage, wie sie mit ihrer «fürchterlichen Angst vor dem Täter» umgehen solle. Nach ein paar Sitzungen bricht sie die kostenlose Beratung ab, sie kann und will zu diesem Zeitpunkt nicht über ihre Empfindungen in Zusammenhang mit «der schrecklichen Sache» sprechen, sie möchte *gar nicht* über die Tat sprechen.

Lena wollte lediglich Wegweiser aus der Krise. Enttäuscht kommt sie zu dem Schluss, eine Verurteilung des Beschuldigten wäre für sie die beste Therapie. Manchmal hat sie Rachegelüste, dann malt sie sich aus, wie eine Selbstjustiz aussehen könnte. «Ohne Gerechtigkeit kein Frieden», sagt ein geflügeltes Wort.

Man kann sich nach Gerechtigkeit sehnen, aber man tut gut daran, in der Zwischenzeit zu leben. Die Sozialarbeiterin empfand Lena als echte Hilfe in der Not, sie organisierte ein Schülerpraktikum in einer Rechtsanwaltskanzlei für sie. Eine andere Welt, für ein paar Wochen. Die ganze Familie legte zusammen, und Lena bekam einen schicken Hosenanzug. Sie fühlte sich wohl in dieser für sie ganz neuen Umgebung. Sie hatte Erfolgserlebnisse, das half ihrem Selbstbewusstsein. Sie hat eine gute Beurteilung von den Anwälten einer renommierten Kanzlei bekommen, das Arbeiten hat ihr Freude gemacht, auch wenn sie den Beruf einer Rechtsanwalts- und Notarsgehilfin langweilig fand. Lena beschloss, jetzt erst recht Polizistin zu werden, um es besser zu machen als die Polizisten, die sie so schlecht behandelten.

Lenas Odyssee begann in einer Berliner Universitätsklinik. Nach der Tat brachten ihre Mutter und ihr Bruder sie zunächst einmal dorthin. Sie wollten eine gründliche Untersuchung der Vierzehnjährigen. Zitat Strafanzeige: «Der zuständige Arzt wies das Begehren jedoch mit der Begründung ab, die Geschädigte hätte die Straftat vorerst bei der Polizei anzuzeigen. Der körperliche und seelische Zustand der Jugendlichen ließ den Arzt unbeeindruckt.»

Weiter heißt es: «Die Geschädigte wirkte eingeschüchtert und verschreckt.» Der Arzt habe sie zunächst mehrere Stunden lang warten lassen und dann gesagt, das müsse sie erst einmal der Polizei erzählen, eine Vergewaltigung nehme er ihr nicht so ohne weiteres ab, sie sei schließlich groß und kräftig, sie hätte sich wehren können, erinnert sich die damals Vierzehnjährige an die Worte des Arztes. Eine Frau könne eine Vergewaltigung verhindern, wenn sie sich nur richtig wehre, ist bekanntlich ein hartnäckiges Vorurteil. Der Arzt in der Notaufnahme ist seiner Fürsorgepflicht nicht nachgekommen. Er hätte das Mädchen untersuchen müssen.

Es war richtig, Lena nach der Tat so schnell wie möglich in eine Klinik zu bringen. Zum einen, um sich um ihre Gesundheit zu kümmern, zum anderen, um ermittlungsdienliche Spuren zu sichern. K.O.-Tropfen hätten zu diesem Zeitpunkt mit hoher Wahrscheinlichkeit in einem Bluttest nachgewiesen werden können.

Auch ein niedergelassener Gynäkologe kann forensisches Untersuchungsmaterial sichern, Fachärztinnen raten jedoch, nach einer Vergewaltigung so schnell wie möglich eine Klinik aufzusuchen: weil dort kein Termin gemacht werden muss, weil Kliniken oft besser ausgestattet sind, weil viele Frauen eine anonyme Behandlung vorziehen. In rechtsmedizinischen Instituten besteht eine Aufbewahrungspflicht für Beweismittel. Auch wenn keine Anzeige gestellt wird, bietet jede Rechtsmedizin das Aufheben der Abstriche, Blut-, Urin- und Haarproben für zwei Jahre an. So kann gegebenenfalls später auf diese Beweismittel zurückgegriffen werden, um ermittlungsdienliche Analysen eventuell nachzuholen. Lena und ihre Angehörigen wussten dies alles nicht, sie tun, was der Arzt in der Uniklinik ihnen sagt.

Lenas Mutter fährt mit Sohn und Tochter zum nächstgelegenen Polizeirevier, um Anzeige zu erstatten. Mittlerweile ist es Abend geworden. Auf der Polizei klagt Lena über stärker werdende Unterleibsschmerzen. Über die Stadtautobahn geht es zu einem anderen Krankenhaus – Lena möchte nicht noch einmal in die Klinik, in der der Arzt sie nicht untersuchen wollte. Lena hat Unterleibsschmerzen, leichte Schürfwunden und Prellungen, auf Anraten der Gynäkologin bleibt sie über Nacht im Krankenhaus. «Durch die Untersuchung kann eine Vergewaltigung weder mit Sicherheit belegt noch ausgeschlossen werden», so das Ergebnis des ärztlichen Befundberichts. Die Ärzte geben Lena nicht nur einen Packen Informationsbroschüren für Opfer sexueller Gewalt, sie geben ihr auch die «Pille danach», gegen eine mögliche Empfängnis. Lena schluckt diese Pille nicht, sie und ihre Mutter wissen nicht, was die «Pille danach» ist, sie halten diese Einmalpille für die Monatspille, die sie ablehnen. Die Ärztin hätte die Pille danach nicht genau genug erklärt, sagen Lena und ihre Mutter später der Polizei, es sei aber inzwischen sicher, dass Lena nicht schwanger ist.

Sie lehnen auch die Tetanus-Prophylaxe ab. Diese Infektion erfolgt vornehmlich durch Wundverschmutzung. Wundstarrkrampf ist eine schwere Infektionskrankheit. Lena hatte Schürfungen im Genitalbereich. Da Lena sagte, dass es dort auch brennen würde, bekam sie ein Antibiotikum gegen Gonorrhö, eine Geschlechtskrankheit, die als «Tripper» bekannt ist. Eine Impfung gegen Hepatitis B wird Lena nicht angeboten. Hepatitis B ist eine der häufigsten Geschlechtskrankheiten weltweit. Infektiöse Gelbsucht und Leberkrebs können Folgen sein. Auch eine Chlamydienprophylaxe gab es für Lena nicht. Die Infektion mit Chlamydien gehört zu den am häufigsten sexuell übertragenen Bakterienerkrankungen in Deutschland, in südeuropäischen Ländern ist das Risiko noch höher. Eine unbehandelte Chlamydieninfektion kann zu irreversiblen Verwachsungen, zum Verkleben der Eileiter und zur Unfruchtbarkeit führen. Herpes genitalis, Syphilis, Trichomonaden, nichts davon wird prophylaktisch behandelt, in Lenas Untersuchung. Sie wird auch nicht beraten, weitere Untersuchungen machen zu lassen. Wegen der Inkubationszeiten der Erreger sind nach Vergewaltigungen Abstrichkontrollen in bestimmten zeitlichen Abständen anzuraten. Bei einer Vergewaltigung können nicht nur Geschlechtskrankheiten, sondern auch alle anderen Arten von Infektionskrankheiten übertragen werden.

Nach Vergewaltigungen ist es im Übrigen möglich, eine Prophylaxe gegen Aids einzusetzen, die spätestens zweiundsiebzig Stunden nach der Tat verabreicht werden muss. Die Gefahr einer Aidsinfektion ist in Deutschland allerdings statistisch gesehen gering und bewegt sich bei einmaligem Geschlechtsverkehr mit einem «positiven» Täter zwischen 0,05 und 0,15 Prozent. Höher ist das Risiko bei analen Vergewaltigungen, hier liegt das Infektionsrisiko bei 0,1 und 7,5 Prozent. Eine Indikation, die eine Prophylaxe rechtfertigen kann.

Bei Tätern aus Ländern mit einem Aidsriskiko von zehn Prozent wird eine Prophylaxe empfohlen. In Ländern mit hohem Aidsrisiko, wie zum Beispiel afrikanischen Ländern, wird die Aidsprophylaxe in Vergewaltigungsfällen oft standardmäßig verabreicht. Die HIV-Prophylaxe hat hohe Nebenwirkungen. In Lenas Untersuchung ist lediglich ein Aidstest veranlasst worden. Die medizinische Erstversorgung in Vergewaltigungsfällen ist im föderalen Deutschland Ländersache, das heißt im Klartext, eine einheitliche Erstversorgung, einheitliche Standards gibt es bisher nicht.

Wenn Anzeige erstattet wird, übernimmt der Staat die Kosten der medizinischen Untersuchung und Behandlung, was die

Chance immerhin steigert, umfassend versorgt zu werden, eine Garantie ist es nicht. Wird keine Anzeige gestellt, übernehmen die Krankenkassen die Kosten. In jedem Fall muss das Opfer zehn Euro Praxisgebühr zahlen, auch in den Notaufnahmen der Krankenhäuser. Die «Pille danach» bekommen Betroffene oft nur auf Rezept, für gesetzlich Versicherte werden dann noch einmal fünf Euro Medikamentengebühr fällig. Für Privatpatientinnen kostet das Medikament zirka siebzehn Euro. Die Pille danach sollte bis zu zweiundsiebzig Stunden nach dem ungeschützten Geschlechtsverkehr eingenommen werden, je eher, desto sicherer ihre Wirkung.

Auch eine forensische Zusatzausbildung für Gynäkologen, die Vergewaltigungsopfer behandeln, gibt es in Deutschland bisher nicht. In einzelnen Bundesländern werden Dokumentationsbögen zur Verfügung gestellt, um bei den Ärzten das Know-how für die Versorgung von vergewaltigten Frauen zu verbessern.

In Großbritannien ist das zum Beispiel ganz anders. Hier gibt es Zusatzkurse für Gynäkologinnen, die Vergewaltigungsopfer behandeln, Männer behandeln Betroffene dort in der Regel gar nicht mehr. Im Vereinigten Königreich gibt es einen einheitlichen Maßnahmenkatalog. Verständigt ein Vergewaltigungsopfer die Polizei, wird sofort eine ausgebildete Ärztin, die sich in Rufbereitschaft befindet, auf das Revier gerufen. In Anwesenheit einer speziell geschulten Polizistin wird in einem so genannten «rape room» eine medizinische Erstversorgung durchgeführt. Auch wird hier psychologische Soforthilfe geleistet. Auf Wunsch können Gespräche mit Sozialarbeitern geführt werden. Betroffene werden von Anfang an aufgefangen, damit sie möglichst nicht in ein Trauma fallen, mit all' den medizinischen, seelischen, psychosomatischen sowie sozialen und wirtschaftlichen Folgen, die eine Traumatisierung möglicherweise nach sich ziehen kann.

Umfassende Untersuchungen sowie Prophylaxen sind bindend definiert. Was man nicht anschaut, kann man auch nicht erkennen; darum wird soviel wie möglich angeschaut.

Die gründliche gesundheitliche Erstuntersuchung von Vergewaltigungsopfern kostet ein paar hundert Euro, das ist deutlich weniger, als die Behandlungskosten von Folgekrankheiten betragen. In Deutschland wird dennoch an der gesundheitlichen Erstversorgung gespart.

«Forensic female examiner», die Erfahrungen in englischen «rape centers» gesammelt haben, weisen darauf hin, dass in einer rechtsmedizinischen Zusatzausbildung auch das sachgerechte Abnehmen von DNA-Proben gelehrt wird, was zu einer höheren Erfolgsquote führen könne. In Deutschland ist es noch immer selten, dass ein Vergewaltiger aufgrund eines DNA-Abgleichs überführt und bestraft wird. Eine Vielzahl von Abnahmen kann ausschlaggebend für den kriminalistischen Erfolg sein. Jedem Abdruck durch Mund und Hände, jeder Spermaspur sollte nachgegangen werden. Ein Einmalabstrich kostet einen Euro, zwanzig Cent. In deutschen Kliniken wird dennoch an diesen Abstrichpäckchen gespart. Nur äußerste Hygiene kann eine DNA-Kontamination ausschließen, die noch immer viele Abstriche unbrauchbar macht.

Manchmal werden Ärzte als Zeugen vor Gericht geladen, sie genießen eine hohe Glaubwürdigkeit. Oft fühlen sie sich «vorgeführt», wenn sie forensische Nachfragen zu bestimmten Details nicht beantworten können, weil zum Beispiel die Untersuchung nach Vorgaben verlief, denen sie zu folgen hatten. Wenn zum Beispiel Budgetierung den Aeskulapblick begrenzte oder fehlendes forensisch-praktisches Wissen.

Viele Puzzlestücke ergeben ein Bild, das der Wahrheit entspricht.

Opfer sind nicht nur von dem allgemeinen Sparkurs betroffen, sondern auch von der mangelnden Vorbereitung vieler

Ärzte auf die Behandlung von Opfern sexueller Gewalt. Ärzte beklagen dies auch selbst. Sexuelle Gewalt polarisiert, auch Ärzte sind nicht frei davon. So neigen sie zum Beispiel dazu, den geschilderten Fall zu beurteilen, was nicht Aufgabe von Medizinern, sondern von Juristen ist. Ängste, ihnen könne so etwas selbst passieren, und die dazugehörigen Abwehrmechanismen, ihnen könne so etwas nie passieren, führen zu persönlich gefärbten Haltungen dem Opfer gegenüber. Manchmal empfehlen Mediziner auch eine spätere Selbstfürsorge, angeblich, um ein Opfer nach der Tat nicht auch noch einer unangenehmen Untersuchung zu unterziehen; ohne die Betroffene zu fragen, ob sie in diesem Punkt, ihrer Gesundheit, wirklich geschont werden möchte. Solche Missverständnisse können jeder wissenschaftlichen Grundlage entbehren und allein auf die menschliche Überforderung des Arztes oder der Ärztin zurückzuführen sein. Ärzte schonen in solchen Fällen sich selbst, nicht die Betroffene. Doch der Körper des Opfers ist der Austragungsort dieses Gewaltverbrechens; er fordert alle medizinische Aufmerksamkeit.

In Lenas Fall sind DNA-Abstriche entnommen und zusammen mit den Blut- und Urinproben an die Kripo weitergegeben worden. Die Polizei hat keinen DNA-Abgleich ins Werk gesetzt.

So, wie in Lenas Fall auch alles andere forensische Recherchematerial ungenutzt blieb.

Während Lena im Krankenhaus ist, fahren ihre Mutter und ihr Bruder noch am späten Abend zu der Wohnung des Beschuldigten. Lena konnte Namen und Adresse nennen. Es kommt zu einer Konfrontation, nur mit Mühe verhindert Lenas Mutter eine Schlägerei. Es bleibt bei gegenseitigen Drohgebärden. Er sei Kurde, er habe keine Angst vor der Polizei, im Gegenteil, er habe gute Kontakte zur Polizei, außerdem habe er viele

Verwandte, viele Freunde, die alle zu ihm stünden, ihm könne nichts passieren, hatte der fast zwei Meter große, achtundzwanzigjährige Mann geprahlt.

Inzwischen haben die Polizisten festgestellt, «dass der Beschuldigte bisher wegen Straßenkriminalitätsdelikten polizeilich in Erscheinung getreten ist». Als die Polizei kurz nach Mitternacht ebenfalls den Beschuldigten in seiner Wohnung aufsucht, öffnet der die Tür nicht, die Polizisten verlassen unverrichteter Dinge den Ort. Sie beschweren sich bei Lenas Bruder, er dürfe ihre Ermittlungen durch eigenständige Aktionen nicht behindern.

Anderntags erhält Lena, noch stationär im Krankenhaus, eine SMS des Beschuldigten. Darin steht, dass er Probleme bekommen würde, wenn sie bei ihrer Aussage bliebe. Er will Lena treffen. Lena und ihre Mutter fahren vom Krankenhaus direkt zur Polizei und zeigen die SMS. «Der Beamte sagte, dass dies keine Bedrohung sei, aus der SMS gehe lediglich hervor, dass der Täter sauer sei», gibt Lena bei der zweiten Vernehmung zu Protokoll: «Ich möchte, dass er dafür bestraft wird, was er mir angetan hat. Mehr kann ich dazu nicht sagen.» Die SMS wurde nicht aufgenommen, es wurden keinerlei Ermittlungen dazu geführt.

Lena erklärt, der Mann habe sie nicht nur mit der Waffe bedroht. Wenn sie etwas davon sage, passiere ihr und ihrer Familie etwas. Sie gehöre jetzt ihm, er habe eine Pistole, Pfefferspray und ein Messer. Streng und mit ernstem Blick hätte er das gesagt, gibt Lena zu Protokoll, das habe Angst eingeflößt. «Bist du nicht einmal auf die Idee gekommen, dass er dich angelogen haben könnte? Glaubst du alles, was man dir sagt, ohne dass man es beweisen kann?», fragt die Kommissarin. «Nein, ich kenne so etwas nicht», antwortet Lena, «ich lüge nicht.»

Die Kommissarin, die Lena vernimmt, macht keinen Hehl aus ihrem Misstrauen. Immer wieder die Frage, warum Lena nicht aus der Wohnung geflohen ist. Aus dem Vernehmungsprotokoll: «Frage: Hast du nicht aus der Wohnung gehen können, als er kurz im Bad war?

Antwort: Nein, ich wollte nicht, dass noch Schlimmeres passiert. Er hat doch gesagt, dass er eine Pistole hat und auch Pfefferspray und ein Messer.

Frage: Das verstehe ich nicht ganz. Da ist dir etwas gegen deinen Willen in einer Wohnung passiert, was so schrecklich ist, dass du damit später zur Polizei gehst. Und dann, in dem Moment, wo du aus der Wohnung fliehen könntest, weil der Täter im Bad ist, gehst du nicht, weil er dir gesagt hat, was er alles hätte?

Antwort: Ich hatte Angst …

Frage: Hast du eine Waffe bei ihm gesehen?

Antwort: Nein, er hat es aber gesagt.

Frage: Ich verstehe trotzdem nicht, warum du nicht aus der Wohnung geflohen bist und auf die Straße gerannt bist, wo du sicherlich um Hilfe hättest rufen können?

Antwort: Ich kann da nicht rufen und außerdem ist er größer und schneller – bestimmt – als ich.

Frage: Dann verstehe ich es also richtig, dass du lieber in einer Wohnung bleibst, wo dir etwas angetan wird, als auf die Straße hinauszugehen, um Hilfe für dich zu holen?

Antwort: (schweigt) … das müssen Sie doch verstehen. Er hat gesagt, dass er eine Pistole hat.»

Lena bricht die Vernehmung, die mit Suggestionen gespickt ist, ab. Zitat Protokoll Landeskriminalamt Berlin: «Ich bin fertig, können wir das ein anderes Mal weiter machen?» Viele Gewaltopfer verschließen sich, wenn sie sich Stressbefragungen ausgesetzt sehen; sie empfinden jede Form von Aggression als unerträglich.

Die Kommissarin vermerkt, sie habe «den Eindruck gewonnen, dass Lena geistig nicht altersgerecht entwickelt zu sein scheint.» Die Kommissarin kommt ohne psychologische Gutachten zu diesem Urteil. Die Glaubwürdigkeit des Opfers ist in Frage gestellt, die Qualität der Opferaussage als niedrig eingestuft.

Bei der nächsten Vernehmung ist eine andere Kommissarin Sachbearbeiterin, Lenas Anwältin hatte dies verlangt. Sie und die Sozialarbeiterin von Lenas Schule sind anwesend.

Vergewaltigungsopfer haben Anspruch auf einen Opferanwältin oder einen Opferanwalt, und zwar während des gesamten Verfahrens, also auch schon, bevor es zu einer Gerichtsverhandlung kommt. Die Kosten hierfür trägt der Staat, Lena hatte in den Broschüren, die ihr die Ärzte gegeben hatten, darüber gelesen. Das Opfer muss nicht bedürftig sein.

In den beiden polizeilichen Vernehmungen antwortet Lena auf die Frage, warum sie überhaupt mitgegangen sei, wie beim Arzt, dass sie der Mann mit der Schusswaffe bedrohte, dass sie Angst hatte. Ihre Aussagen sind kongruent, was nach den polizeilichen Maßstäben für ihre Glaubwürdigkeit spricht. Doch die neue Kommissarin führt die Vernehmung im Sinne ihrer Kollegin weiter, mit dem zugrundeliegenden, voreingenommenen Gedanken, Lena leiste absichtlich eine Falschaussage, weil sie ein Abenteuer als Vergewaltigung tarnen wolle. Sie beharrt darauf, dass Lena sich hätte wehren können.

Immer wieder fragt sie: «Wieso bist du mitgegangen, mit einem fremden Mann? Bist du immer so naiv?»

«Er hatte eine Waffe!»

«Wenn du aber jemanden um Hilfe gebeten hättest?»

«Ich hatte doch Angst vor ihm.»

«Wie kam es dann dazu, dass du mitgegangen bist?»

Nächste Zeile, im Landeskriminalamts-Protokoll: «Die Vernehmung wird auf Bitten der Anwältin unterbrochen.»

Die Anwältin wirft ein, dass ihre Mandantin sich dazu bereits geäußert hätte, und dass die Kommissarin dies so hinnehmen solle. Die Kommissarin überzeugt das nicht. Sie fragt nach, sie müsse diese Detailbefragung «durchführen», darüber «klärt sie Lena auf». Lena antwortet, nach der inzwischen bereits langwierigen Vernehmung, sie wisse nicht so genau, wie alles war, sie wolle die Sache endlich vergessen und nicht mehr darüber reden. Die Kommissarin nimmt darauf keine Rücksicht, als nächstes fragt sie die Vierzehnjährige, ob das Ganze im Sitzen oder im Stehen passierte? Es nützt nichts, die Fragen werden gestellt, alle.

«Hatte der Beschuldigte einen Samenerguss?» [Der Geschädigten wird der Begriff erklärt.]

«Ich weiß es nicht.»

«Hast du denn nicht gespürt, ob er eingedrungen ist?»

Lena kann sich nicht an die Tat selbst erinnern, dies hat sie von Anfang an erklärt: «Ich weiß es nicht.»

Lenas Anwältin kritisiert die Fragen als «völlig unangemessen». Sie hält fest (Zitat: Beschwerde gegen die Einstellung des Verfahrens): «Lenas Gesamtzustand lässt sich wirklich nicht damit in Einklang bringen, sie habe gerade eine nette Zeit mit dem Beschuldigten verbracht. Die Betrachtung und Würdigung des Verhaltens einer Geschädigten muss sich an ihren individuellen Möglichkeiten und Kapazitäten orientieren.»

Auf Antrag der Staatsanwaltschaft ordnet das Gericht erst ein halbes Jahr nach der Anzeige bei dem Beschuldigten eine Wohnungsdurchsuchung an. Begründung: Er habe die Jugendliche «unter Androhung des Einsatzes einer Pistole zur Erduldung von sexuellen Handlungen, unter anderem des Geschlechtsverkehrs, genötigt.» Dies war seit sechs Monaten aktenkundig.

Die Kommissare brechen die Wohnungstür auf, legen dem mutmaßlichen Täter Handfesseln an und finden keine Pistole. Zitat Durchsuchungsbericht Landeskriminalamt: «Ihm wurde der Tatvorwurf gemacht, und er gab an, dass er zu keinem Zeitpunkt ein junges Mädchen vergewaltigt hätte. Es wurde ihm dann das Foto der Geschädigten gezeigt, hierzu gab er an, dass er dieses Mädchen mit nach Hause genommen hätte, weil sie auf Trebe war. Er bestritt aber vehement, mit der Geschädigten sexuell verkehrt zu haben. Ihm wurde eine Vorladung für eine Vernehmung ausgehändigt.» Die kriminalpolizeilichen Ermittlungen gelten als abgeschlossen.

Lena kennt den Ausdruck «auf Trebe sein» nicht, sie treibt sich nicht herum.

Der Beschuldigte ist auf freiem Fuß, er arbeitet weiterhin als Türsteher in einer Berliner Diskothek. Lenas Brüder haben ihn dort, vor der Tür, erkannt. «Da hat er es leicht, Mädchen anzuquatschen», stellt Lenas Bruder fest.

Die Staatsanwaltschaft begründet die Einstellung des Verfahrens und fasst zusammen: «Der Beschuldigte hat die ihm gemachten Vorwürfe über seinen Verteidiger bestreiten lassen und angegeben, es sei nie in irgendeiner Art und Weise Zwang auf Lena ausgeübt worden. Insbesondere seien keinerlei Drohungen gegen sie ausgesprochen worden. Aussagekräftige objektive Beweismittel liegen nicht vor.»

«Die Ermittlungen sind unzureichend und extrem zögerlich geführt worden, so dass allein deshalb keine objektiven Beweismittel, wie ein Kondom oder das Wasserglas mit möglichen suspekten Substanzen mehr zu finden waren, die die Aussage der Geschädigten bestätigt hätten», entgegnet Lenas Anwältin in der Beschwerde gegen die Einstellung des Verfahrens.

Die zuständige Staatsanwältin begründet die Einstellung des Verfahrens weiter: «Ein zur Anklageerhebung hinreichender Tatverdacht besteht nicht. Letztlich besteht hier die Beweissituation Aussage gegen Aussage.» Doch die Staatsanwältin belässt es nicht dabei: «Als Motiv einer Falschbezichtigung ist hier letztlich nicht auszuschließen, dass Lena eine Erklärung für ihr

Fernbleiben benötigte bzw. den Verlust ihrer Jungfernschaft – und dann auch noch durch einen Türken oder Kurden, was ihre Mutter als unmöglich ansieht – zu erklären hatte.» Lenas Mutter hatte in ihrer Vernehmung lediglich auf die Frage, ob sie denn wisse, ob ihre Tochter regelmäßig Kontakt zu diesem Mann hatte, mit einem Nein geantwortet. Außerdem käme eine Beziehung zu einem Türken oder Kurden für ihre Tochter nicht in Frage. Zu der behördlichen Hypothese, dass Lena etwa eine aus kulturellen Motiven verbotene Beziehung decken wollte, gab es keine einzige Frage an ihre Mutter und auch keine an Lena.

Lenas Bruder dazu: «Es kommt schon mal vor, dass ein Mädchen vor der Hochzeit entjungfert wird, weil sie sich vielleicht in einen Jungen verguckt hat, das ist nicht schön, aber daraus muss man kein Drama machen. Es wird dann später, vor einer Hochzeit, mit dem Bräutigam besprochen. Es ist zwar ein Makel, aber es ist möglich, darüber zu reden. Es gibt Fälle, da lebt eine Braut, die ihre voreheliche Entjungferung verheimlicht, nach der Hochzeitsnacht nicht mehr lange, das weiß ich. Man kann aber nicht einfach pauschal sagen, ein streng erzogenes Mädchen müsse diese Dinge vor ihrer Familie tarnen: es gibt verschiedene Religionen, Glaubensrichtungen, in unseren Kreisen wird es nicht gut geheißen, aber wir bringen deswegen niemanden um. Lena ist gegen ihren Willen unter Drohungen vergewaltigt worden, das ist etwas anderes als ein Fehler, der einem Teenager passieren kann, das muss man auseinander halten. Es wird nicht leicht für mich, aber ich werde ihren sogenannten ‹Makel› eines Tages erklären.»

Gewalt gegen Frauen ist nach Erkenntnissen der Vereinten Nationen noch immer die rund um den Globus am weitesten verbreitete Verletzung der Menschenrechte. Es gibt soziale Umfelder, in denen eine Vergewaltigung zum Ausschluss aus der Gesellschaft führt. Weil sie mit Aids und Prostitution in Verbindung gebracht wird. In afrikanischen Ländern zum Beispiel, in denen die Opfer oft auch von ihren Familien verstoßen werden.

Menschenrechtsverletzungen im Zusammenhang mit Vergewaltigungen sind zudem Auspeitschungen, Folter, Hinrichtungen. Ungemeldete Exekutionen. Wie sie zum Beispiel aus China bekannt sind. Unter dem islamischen Scharia-Recht kann Frauen, die eine Vergewaltigung nicht ausreichend beweisen können, die Todesstrafe durch Steinigung drohen, die Strafe, die in der Scharia auf Ehebruch steht.

Dem Opfer die Schuld oder Mitschuld zuzuweisen, ist ein Phänomen, das es gibt, seit Frauen vergewaltigt werden, also seit Menschengedenken. «Blaming the victim» ist in Lenas Zeit die internationale Bezeichnung dafür, denn es ist ein weltumspannendes Phänomen, Vergewaltigungsopfer machen diese schlimme Erfahrung in Diktaturen ebenso wie in Entwicklungsländern oder den führenden Industriestaaten. Die Gewalterfahrung hat für viele Opfer einen Domino-Effekt. Auf das traumatische Erlebnis folgen Bewusstseinsstörungen, Scham, Furcht, Vertrauensverlust, Hoffnungslosigkeit, eine Kettenreaktion setzt ein: Verlust des sozialen Umfelds, Arbeitsunfähigkeit, Arbeitslosigkeit, Trennung, Scheidung, Zurückweisung, Vereinsamung, Verarmung, Krankheit, Sucht, Suizid, manchmal auch extreme Formen der Sexualität, Prostitution.

Gewalt gegen Frauen ist noch immer eines der größten Gesundheitsrisiken weltweit. Medizinische und psychologische Versorgung können Teufelskreise verhindern, sogar sprengen. Es ist heute möglich, Traumata aufzulösen. Traumatische Belastungen können strukturelle Veränderungen der Persönlichkeit beinhalten, Achtsamkeit und sorgsame Maßnahmen sind geboten. Die Neuordnung der Persönlichkeit braucht Geduld, und viel Arbeit. Bei möglichst früh einsetzender Hilfe muss es erst gar nicht zu einer posttraumatischen Belastungsstörung kommen.

Stabilisierend wirkt auch freundschaftlicher Rückhalt, oder eine starke Familie, wie bei Lena. Sie empfand es als erleichternd, direkt nach der Tat, und dann in vielen Gesprächen von ihren Erlebnissen berichten zu können. Lena fühlt sich von ihrer Familie ernstgenommen, die ihr von Anfang an glaubte.

Fast die Hälfte der von sexueller Gewalt Betroffenen hat mit niemandem darüber gesprochen. Wenn Frauen über die erlebte Gewalt sprechen, dann zuerst und am häufigsten mit Personen aus ihrem unmittelbaren sozialen Umfeld.

Manchmal brauchen auch die Menschen im Umfeld eines Opfers Hilfe, weil sie überfordert sind. Psychologinnen der Frauennotrufe, die es überall in Deutschland gibt, empfehlen, sich beraten zu lassen und Unterstützung in Anspruch zu nehmen. Dies sei keineswegs ein Eingeständnis der eigenen Unwissenheit oder Unfähigkeit, sondern ein Zeichen von verantwortungsbewusstem Handeln gegenüber der Betroffenen.

Lenas Anwältin legt Beschwerde gegen die Einstellung des Verfahrens durch die Staatsanwaltschaft ein. Die Generalstaatsanwaltschaft «… vermag der Beschwerde nicht zu entsprechen. (…) Einzig das Auffinden des Glases, von dem Lena angibt, es könnte ein Betäubungsmittel enthalten haben, wäre als Beweismittel in Betracht gekommen. Wenn es aber tatsächlich zu der behaupteten Tat gekommen wäre, hätte der Beschuldigte kaum dieses Glas mit der fraglichen Flüssigkeit mehrere Stunden nach der Tat noch in seiner Wohnung aufbewahrt.»
Quod erat demonstrandum.

Der Oberstaatsanwalt schreibt weiter: «Dass die Voraussetzungen für eine Wohnungsdurchsuchung – unter Aufbrechen der Wohnungstür (…) ohne richterliche Anordnung nicht vorlagen, dürfte nachvollziehbar sein.» Die Verbform «dürfte» drückt lediglich eine Vermutung aus. Der Oberstaatsanwalt nimmt zudem die Mutmaßungen der Staatsanwaltschaft auf, Möglichkeitsformen: «Es erscheint nicht fern liegend, dass unter dieser Drucksituation durch die Geschädigte vor der Mutter ein von dieser vermutlich missbilligtes Verhalten verschwiegen werden sollte und (…) dass die der Strafanzeige zugrunde liegende Geschichte erdacht wurde.»

Fest steht: Hier haben die Behörden eine Geschichte erdacht, sie haben eine Hypothese aufgestellt, den Beweis blieben sie schuldig. «Dass zwischen der Kommissarin und Lena offenbar keine unproblematische Beziehung bestand, ist einerseits offensichtlich, andererseits ohne Belang.» Diese Aussage des Oberstaatsanwaltes ist falsch. Es war für das Verfahren insofern von Belang, als ein subjektiver Eindruck einer Kommissarin zum Subtext aller Befragungen und schließlich zur Begründung rechtskräftiger Entscheidungen wurde.

Lena wurde nicht eine einzige kulturspezifische Frage gestellt. Lena wurde nicht danach gefragt, ob sie sich von ihrer Mutter unter Druck gesetzt fühlte. Auch wurden keine Psychologen zu Rate gezogen, eine wissenschaftlich fundierte, kulturelle Einordnung gab es nicht.

Es gibt keinerlei Verifizierung der polizeilichen Hypothese durch Staats- und Oberstaatsanwaltschaft. Beide haben die von einer Kommissarin in die Welt gesetzte, manipulierende, gegen Lena Partei ergreifende Sicht eines zur Anzeige gebrachten Sachverhalts an ihren Schreibtischen übernommen, statt den Wahrheitsgehalt abzuwägen.

«Dass es keine Gerichtsverhandlung gab, ist nicht in Ordnung. Aber wir haben kein Geld, weiter zu klagen», schließt Lenas Mutter resigniert. «Wegen kleiner Sachen führen sie große Kriege, auf den Behörden, aber wegen meiner Vergewaltigung schreiben sie nur ein paar Seiten Protokolle, das war's», sagt Lena. Ihr geht es in dem ganzen Verfahren um Gerechtigkeit: «Eine Zeit lang habe ich sehr negativ von der Welt gedacht, dass von Menschen mit kalten Herzen Gift kommt, dass sie alles kaputt machen.»

In Lenas Fall wäre zum Beispiel eine Dienstaufsichtsbeschwerde gegen die Staatsanwaltschaft möglich. Auch ein Klageerzwingungsverfahren käme in Betracht. Die Hürden liegen hoch, die Erfolgsquote ist gering. Sie liegt etwa bei eins zu hundert. Nach dem deutschen Strafprozessrecht hat die Geschädigte einer Straftat damit die Möglichkeit, eine Entscheidung der Staatsanwaltschaft, das Ermittlungsverfahren einzustellen, oder keine Ermittlungen aufzunehmen, gerichtlich überprüfen zu lassen. Wenn der innerstaatliche Instanzenzug durchlaufen ist, kann innerhalb von sechs Monaten der Europäische Gerichtshof für Menschenrechte angerufen werden. Seit 1998 kann jede natürliche Person, nichtstaatliche Organisation oder Personengruppe, die behauptet, durch einen Vertragsstaat in einem Menschenrecht verletzt zu sein, Beschwerde in Straßburg erheben.

Der Schutzengel wollte nicht, dass Lena stirbt, damals, im Auto. Zweieinhalb Jahre nach der Tat fällt Lena das auf. Lena spricht jetzt jeden Tag mit ihrem Schutzengel, streng geheim. In wenigen Wochen gibt es bereits Fortschritte. Lena möchte Geld verdienen und auf den Führerschein sparen. Sie baut langsam ihr Selbstwertgefühl auf. Sie möchte so schlank sein wie vor der Tat, jeden Tag schaut sie sich ein altes Passfoto an, als Motivation. Mit sechzehn ist sie fast ein Meter achtzig groß und hat lange, schwarze Haare, die sie zusammensteckt. Damals war ihr Gesicht schmal, es betonte ihre großen Augen. Sie geht nun auch wieder mit ihrer Cousine in den Frauenfitnessclub. Das Thema Frauenarzt steht ebenfalls oben auf ihrer Liste. Seit der Tat war Lena nicht mehr dort, aus Scham, nicht mehr Jungfrau zu sein. Dabei hat Lena seither Unterleibsschmerzen und auch Menstruationsbeschwerden.

Sie überlegt, die Idee von der Polizeiausbildung fallen zu lassen, lieber auf ihre Verletzungen Rücksicht zu nehmen und vielleicht ein Handwerk zu erlernen. Sie ist nicht mehr die Lena, die sie vor der Tat war.

Es gilt nun als entschieden, dass sie die Zulassung zur gymnasialen Oberstufe nicht schafft, es sei denn, es passiert ein Wunder. Lena hat dunkle Ringe unter den Augen, sie hat nachts Albträume und Angstzustände, tagsüber ist sie lethargisch, mutlos, zu Tode betrübt. Ihre Mutter müsste sich eigentlich wegen einer chronischen Krankheit behandeln lassen, doch sie schiebt den Krankenhausaufenthalt immer wieder auf; sie hat Angst, ihre Tochter könnte sich etwas antun, wenn sie sie allein lässt. «Mein erstes Mal ist aktenkundig, mein erstes Mal ist das Schrecklichste, was einem Mädchen passieren kann, der Schatten des Täters wird immer in meinem Leben sein, ich bin entehrt, ich bin nicht wie andere Mädchen, immer wird es diesen Makel geben», repetiert Lena in depressiver Verstimmung in ihrem dunklen Zimmer. Lena quälen Ängste vor Stigmatisierung, «vielleicht mag mich nie ein Junge küssen». Die Familie zeige an solchen Tagen Geduld, sagt Lenas Bruder, auch wenn es alle schmerze, das Nesthäkchen so zu sehen. Druck und Grenzverletzungen hat Lena bereits durch die Gewalt erfahren, sie fordert Takt und Respekt. Ihr Rückzugsort ist nur für sie und ihr Trauma bestimmt. In der Klinik der Engel ist sie Privatpatientin, hier hat immer jemand Zeit für sie. Vielleicht ist Lena der Maßstab von allem; und nicht die ganze Welt da draußen. Vielleicht sagt sie das gar nicht allen.

Lenas Bruder ist frisch verlobt. Er erklärt ihr, dass sie zunächst eine größere Kerze anzünden und dann immer mehr Licht in ihrem Zimmer machen soll, um die Dunkelheit aus ihrem Leben zu vertreiben, um Frieden zu finden.

Damit sie etwas erkennt: «Dein erstes Mal wird sein, wenn du liebst.«

ANNA

An einem Spielplatz in Berlin legt eine Frau in ihren Dreißigern an diesem Spätsommerabend Steine ab. Trauersteine. Vierter Jahrestag. Es ist still, nach dem Regen. Anna bewundert einen Regenbogen, violett, sie schließt die Augen, das tut gut.

Erster Stein Das Holzschiff, eigentlich ein Klettergerüst für Kinder, wirkte eng. Unübersichtlich. Oben auf dem Ausguck, auf den Planken, wurde sie vergewaltigt. Direkt in die Falle war sie gerannt, als der Mann sie gejagt hatte, auf dem Nachhauseweg von einer Kneipe, wo sie den Abend verbracht hatte. Der Mann hatte dunkle Locken, er war etwa Ende Dreißig. Hure, hatte er sie die ganze Zeit geschimpft, mehr konnte sie auch der Polizei nicht sagen, er hatte ihr die Luft abgedrückt, sie war halb bewusstlos, während das alles geschah. Mitten in der Stadt, und unendlich einsam. Die Lichter in den Wohnungen der angrenzenden Häuser. Niemand, der einen Hilferuf hätte hören könnte. Die dürren Stadtbäume, die den Spielplatz säumen. Stumme Zeugen. Niemand hat dieses Verbrechen gesehen, Annas Schicksalsschlag.

Zweiter Stein Sie geht in aller Ruhe den Weg, den sie damals panisch gerannt ist, und macht eine Entdeckung. Am Eingang zum Spielplatz brennt eine Laterne. So war sie gerannt, es ist ganz normal, dass sie in der Dunkelheit der Nacht zum Licht rannte, instinktiv. Die Polizei hatte darauf beharrt, Anna hätte einen anderen Weg laufen müssen: Den Spielplatz links liegen lassen und geradeaus in Richtung der gegenüberliegenden Häuser, das sei normal. Am hellen Tag wirkt das Spielschiff übersichtlich. Anna musste damals eine Tatortbegehung durchstehen. Für Anna gab es in der Panik nur Flucht oder Angriff. Sie reagierte damals mit Flucht und rannte in das Schiff, das zur Falle wurde. Mit diesem angeblich unlogischen Verhalten, das die Polizei so sehr betonte, hatte Anna lange zu kämpfen. Sie machte sich Schuldvorwürfe.

Dritter Stein Anna erlitt durch die Gegenanzeige wegen Vortäuschung einer Vergewaltigung einen dritten schweren Schock, nach der Tat, und der Tatortbesichtigung. Anna hat jahrelang unter der Gegenanzeige gelitten; dass die Kommissare sie zur Täterin machen wollten, indem sie ihr nicht glaubten, hat sie zutiefst verletzt.

Anna ist in der früheren DDR aufgewachsen. Das Gefühl der Rechtlosigkeit hat sie als Kind eines Unrechtsstaates empfindlich getroffen. Sie hatte dieses Gefühl, als die Gegenanzeige auf dem Tisch lag.

In ihren ersten Semestern als Studentin an der Theologischen Fakultät der Berliner Humboldt Universität ging Anna vor dem Mauerfall in die Gottesdienste in der Gethsemane-Kirche im Prenzlauer Berg, wo sich der friedliche Widerstand gegen die DDR-Diktatur formierte. Sie war zwar keine Kämpferin, das ist nicht ihre Natur, aber sie war dabei. Das war prägend. Nach der Wende dauerte Annas Studium länger als geplant, sie musste sich in dem neuen System zurechtfinden. Annas Biographie weist Brüche auf. Anna sieht sich als patente Ostfrau. So leicht lässt sie sich nicht unterkriegen. Sie kann auch ganz neu beginnen. Anna vertraut Menschen nicht so einfach.

Lange Freundschaften haben die Wende überstanden: da weiß man, wer damals wo stand. Das ist wichtig für Anna, sie ist vorsichtig und zurückhaltend.

Vierter Stein Anna hatte einen Termin auf dem Landeskriminalamt. Sie empfand die Befragung als Verhör, als zweite Vergewaltigung. Danach läuft sie im Kreis ums Carré, immer an den muffigen Mauern in dem wilhelminischen Viertel vorbei, bis sie nicht mehr weiß, wo sie ist, oder wie ihr ist, schließlich ruft sie eine Freundin an, die sie abholt. Es dauert lange, bis dieses Erlebnis aufgearbeitet ist.

Fünfter Stein Anna blieb monatelang allein. Sie ließ keinen Menschen an sich heran. Schon gar nicht sexuell.

Sechster Stein In der ersten Zeit nach dem Alleinsein tat Anna unter Schock etwas, was nie ihre Art war. Sie zog jede Nacht durch Clubs und hatte One-Night-Stands. Sie durchlebte dabei noch einmal die Vergewaltigung. Sie war der Situation einfach nicht gewachsen. Sie musste sich erst «herantasten».

Siebter Stein Die Vergewaltigung ließ Anna in depressiver Verstimmung zurück, ein ganzes Jahr lang. Mit aller Kraft trat sie trotz der Vergewaltigung zum Vikariat an, sie schaltete alles andere aus und dachte nur an dieses Ziel. Es war ein enormer Stress.

Achter Stein Gleich nach dem Zweiten Examen zum Arbeitsamt, das war furchtbar. Anna sackte nur Ablehnungen ein, keine einzige ihrer Bewerbungen war erfolgreich. Das Trauma hatte sie im Griff. Sie war ganz außer sich. Sie hatte Existenz- und Zukunftsängste.

Neunter Stein Anna hat schlimmen Hautausschlag. Juckreiz im Gesicht, an den Armen, am Körper. Sie schneidet sich das Haar ganz kurz.

Zehnter Stein Anna hat noch immer keine Arbeit. Das Geld reicht kaum zum Leben.

Elfter Stein Anna schiebt Nachtschichten. Ein paar nur, pro Monat, in einem kirchlich geführten Altersheim. Es muss sein. Die laufenden Kosten für Annas Auto müssen bezahlt werden. Das Auto lässt Anna sich nicht nehmen. Sie hofft außerdem, über die Nachtschichten wieder in Lohn und Brot zu kommen, auch im Studium hat sie dort nachts gearbeitet.

Zwölfter Stein In ihren Bibelstunden liest Anna nur noch ihre «Rache»-Psalme. Wie sie das mit der Vergewaltigung ohne ihren Glauben überstanden hätte, weiß sie nicht.

Dreizehnter Stein Anna lernt Taekwondo, koreanischen Kampfsport. Ohne Waffen. Mit Fuß, Faust und mentaler Kraft: Training gegen imaginäre Gegner. Wut rauslassen und Selbstverteidigung.

Annas Freundeskreis ist in all' diesen Jahren für sie da: stabil, fürsorglich, geduldig, mit Rat und Tat. Aber es geht fast immer um «Annas Trauerarbeit» und nicht darum, miteinander das Leben zu genießen, so wie früher.

Vierzehnter Stein Anna kann sich Reisen nicht mehr leisten. Dabei schaut sie sich die Schöpfung gerne an. Nun hütet sie das Häuschen ihrer Eltern im Grünen, wenn die beiden Urlaub machen. Anna fühlt sich wohl unter den Baumkronen im Garten. Anna hat ein gutes Verhältnis zu ihren Eltern. Sie waren durch die Vergewaltigung ebenfalls belastet. Sie fanden Halt in ihrer

Gemeinde, in der auch Anna aufwuchs. Anna wurde protestantisch erzogen. Anna kann mit ihren Eltern über ihren Schmerz reden. Ihre Eltern zeigen Mitgefühl und sind für sie da.

Große Worte sind Annas Sache nicht, doch ihre burschikose Art hebt die Durchsichtigkeit ihrer Haut nur noch hervor; Anna hat ein intellektuell kontrolliertes, höchst emotionales Wesen. Anna hat ihr Trauma systematisch aufgearbeitet, ebenso religiös wie weltlich.

Vor Jahrestagen geht es Anna nicht gut. Sie sind wie Todestage. Anna trauert um den Teil von sich, der mit der Gewalt gestorben ist. Es ist jedes Jahr das Datum, das ein Leben davor und danach markiert. Das ist so und wird auch so bleiben, für Anna. Sie ist dann seelisch und auch körperlich angespannt. Früher kannte Anna auch Tage, in denen es ihr mal schlecht ging, aber Panikattacken, oder: mit Angstvorstellungen über Plätze zu gehen, Essstörungen, Schlafstörungen, Wechselbäder von Hyperaktivität und Lethargie, das war Anna einfach unbekannt. Manchmal melden sich die Ängste auch gekoppelt mit ganz anderen Stressituationen zurück. Mit den Jahren haben die posttraumatischen Belastungsstörungen zwar nachgelassen, sie sind aber immer wieder Thema in ihrer Therapie. Die Jahrestage hat Anna ganz unterschiedlich verbracht. In den ersten drei Jahren ist sie an den Ort gegangen. Sie machte dort ihr Ritual, Trauersteine beziehungsweise auch Wutsteine ablegen, rund um den Platz, direkt da, wo es passiert ist. Sie hat die Steine im Urlaub auf dem Vulkan Teide auf Teneriffa gesammelt. Die sind genau richtig, hatte sie gedacht, ihre Wut kocht manchmal in ihr wie Lava.

Eine Freundin begleitete sie zu ihrem Ritual. Außer im vierten Jahr, da verbrachte sie den Tag nicht auf dem Platz. Sie redete stattdessen viel über die Vergewaltigung und über die Jahre danach, über das Verarbeiten und auch darüber, dass sie in dem Verarbeitungsprozess weiter gekommen ist, dass sie nicht mehr täglich daran denkt. Im ersten Jahr nach der Vergewaltigung dachte sie täglich mindestens einmal daran. Der Film lief ab, sie glitt in Krisen. Das Trauma führte Regie, sie kämpfte dagegen an.

Inzwischen geht Anna immer mal wieder auf den Platz, sie kann in den Cafés dort auch wieder Kaffee trinken. Sie macht das ganz bewusst, sie erobert sich ihr Territorium zurück. Es ist auch ein Kampf gegen den Vergewaltiger, Anna will nicht, dass er ihr ganzes Leben zerstört, sie will diesem Menschen diese Macht nicht überlassen, und der Platz gehört nun einmal zu ihrem Leben.

Die therapeutische Begleitung war für Anna sehr gut. Anna hat eine Trauma-Therapie gemacht, in einer Beratungsstelle für Opfer sexueller Gewalt. Sie hatte das Angebot des Frauennotrufes angenommen, zunächst eine Kurztherapie zu absolvieren, anonym, kostenlos. Im Anschluss suchte sie zusammen mit den Fachfrauen eine für sie geeignete Therapeutin aus. Ihre Krankenkasse kam für die Kosten auf.

Sie hat nun Bilder gespeichert, im Kopf und im Herzen, die sie abrufen kann, wenn das Trauma im Alltag stört.

Sie hat einen Tresor. Da ist alles drin. Der ist verschlossen, doppelt und dreifach. Sie visualisiert diesen Tresor, und dann kommt da nichts raus. Die Nummernkombination kennt nur Anna. Sie entscheidet, ob und wann der Tresor geöffnet wird. Besonders sprachlich und visuell begabte Menschen können solche psychologischen Werkzeuge gut für sich einsetzen.

Ich bin erschöpft vom Seufzen,
jede Nacht benetzen Ströme von Tränen mein Bett,
ich überschwemme mein Lager mit Tränen. (...)
In Schmach und Verstörung geraten all meine Feinde,
sie müssen weichen und gehen plötzlich zugrunde.
Psalm 6

Seit der Vergewaltigung denkt Anna über theologische Fragen anders nach, als vor der Tat. Wut, Rache, Vergeltung, Trauer, Schwäche. Fragen, zu denen sie durch ihre eigenc Erfahrung neuen Zugang hat. Nicht nur durch die Vergewaltigung selbst, sondern auch durch ihre Erfahrung mit den Behörden. Gefühle und Gedanken hält sie fest, für später: eines Tages möchte sie Predigten halten, als Pastorin in einer Gemeinde. Es war für sie wichtig, dem Geschehenen eine andere Sprache geben zu können. Einfach eine Sprache, die sehr alt ist und die trotzdem ihre Gefühle, ihre Gefühlsebene aufnimmt. Anna liebt die Psalmen. So hat sie einerseits Halt gefunden im Glauben; andererseits hat sie gehadert mit ihrem Glauben. Da stand die große Warum-Frage im Raum: Warum ist das mir passiert? Warum, warum, warum, warum.

«Eli, Eli, lema sabachtani?» das heißt: «Mein Gott, mein Gott, warum hast du mich verlassen?» (Evangelium nach Matthäus)

Das ist für Anna bis heute so geblieben, auf dieses Warum gibt es keine Antwort, das ist so, hat Anna erfahren. Da gibt es keinen einfachen Grund. Es ist auch nicht so, dass ihr der Glaube an Gott völlig verloren gegangen wäre. Sie ist mächtig ins Zweifeln gekommen, aber Zweifel gehört zum Glauben dazu. Gehörte für Anna auch vor der Vergewaltigung dazu, ist aber noch relevanter geworden. Das Zweifeln und Hadern mit dem Schicksal. Die biblische Welt von Gut und Böse ist lebendiger geworden, bestimmte Geschichten im Alten Testament sind für Anna ganz anders nachvollziehbar. Besonders die Psalmen. Die Bedeutung von Fluch hat sich Anna neu erschlossen.

Die Vergewaltigung, das war, als ob jemand sie verflucht hätte. Es war befreiend, in der Bibel von Happy Ends zu lesen:

> *Er hat Böses im Sinn; (...) Er gräbt ein Loch, er schaufelt es aus, doch er stürzt in die Grube, die er selber gemacht hat. Seine Untat kommt auf sein eigenes Haupt, seine Gewalttat fällt auf seinen Scheitel zurück. Ich will dem Herrn danken, denn er ist gerecht.*
> Psalm 7

Die in den Psalmen benannten Schattenseiten des Lebens würden heute zu wenig beachtet, findet Anna. Sie dürften nicht als alttestamentarisch, archaisch und weit entfernt abgelegt werden. In Annas theologischem Denken hat sich nach der Tat einiges gewandelt. Dass auch Bibeltexte eine Sprache für die dunklen Seiten der Menschen haben, die vielleicht das Sprachvermögen von vielen einfach übersteigt. Eine poetische Sprache, die eine Gesprächsebene herstellen kann. Eine Sprache, die das Reden über das Böse erleichtert. Dass sie in ihrer Schwäche beschützt ist, das hat Anna gut getan, das zu lesen. Die Vorstellung, einen Bannkreis um sich zu haben.

> *Mein Auge ist getrübt von Kummer,*
> *ich bin gealtert wegen all meiner Gegner.*
> *Weicht zurück von mir, all ihr Frevler;*
> *denn der Herr hat mein lautes Weinen gehört.*
> Psalm 6

Die ganze Traurigkeit und die Gewalt des Lebens sind durch die Tat näher an Anna herangerückt. Vorher war ihr das auch bewusst: Natürlich kann einem immer etwas passieren, und der Tod gehört zum Leben dazu, und die Gewalt gehört auch zum

Leben dazu, aber Anna hatte das vorher verdrängt. Sie dachte, ihr könne so etwas auf keinen Fall passieren. Sie würde sich wehren, sie würde kämpfen um sich, vergewaltigen würde sie auf keinen Fall jemand. Den festen Glauben hatte sie vorher und der ist nun völlig zerstört. Anna war vorher naiver, das ist verloren gegangen.

Das Gute an den Psalmen ist für Anna, dass man Trost findet, im Gespräch darüber, im Gebet. Dass man sich auch seine eigenen Rachegelüste bewusst machen soll, um sie mental und seelisch loszuwerden, ohne aggressiv in der Weltgeschichte herumzulaufen. Manchmal stellt sie ihren Kummer den Klageliedern anheim.

> *Herr, denk daran, was uns geschehen, blick her,*
> *und sieh unsre Schmach! (...) Frauen hat man in Zion geschändet,*
> *Jungfrauen in den Städten von Juda. (...) Darum ist krank unser Herz,*
> *darum sind trüb unsere Augen über den Zionsberg, der verwüstet liegt;*
> *Füchse laufen dort umher (...) Erneuere unsere Tage, damit sie werden*
> *wie früher.*
> 5. Klagelied

Anna war Single, eine jobbende Studentin mit kleiner Wohnung in einem beliebten Szenebezirk.

Nach der Tat verkriecht sich Anna, zuerst spricht sie mit den Psychologinnen von der Hotline. Sie führt ein Informationsgespräch. Die Frau am Telefon rät ihr, die noch ungewaschenen Kleider, die sie zur Tatzeit trug, in einer Papiertüte aufzuheben, weil mögliche Spuren in einer Plastiktüte verschmieren könnten. Sie solle die Sachen der Polizei geben, falls sie Anzeige erstatten wolle, sie müsse das nicht tun. Wenn, dann solle sie nicht allein zur Polizei gehen. Bei einem Termin in der Beratungsstelle spricht sie das Für und Wider einer Anzeige gründlich durch. Anna lässt sich von ihrer Frauenärztin untersuchen, die stellt keine Geschlechtskrankheiten fest, macht Hepatitis- und Aidstest, diagnostiziert Hämatome und Abschürfungen am Bein. Anna vertraut sich ihrer besten Freundin an, sie rät zur Anzeige. Wenn Anna zusammengeschlagen worden wäre, würde sie doch auch nicht zögern; sie dürfe nicht vor einer Anzeige zurückschrecken, nur weil ein Sexualdelikt noch immer etwas Anrüchiges hätte. Es könne nicht sein, dass das in einem «Wischi-Waschi-Dunst» bliebe, das gehöre ans Licht, als öffentliche Geschichte. Anna überzeugt das Argument, dass Täter dingfest gemacht werden müssten. Trotz ihrer Erlebnisse mit der Staatsgewalt würde Anna aus diesem Grund immer eine Anzeige erstatten; man dürfe nicht um Jahrzehnte zurückfallen. Der aktive Umgang mit der Gewalterfahrung war zudem ein wichtiger Schritt auf dem Weg zur Verarbeitung.

Anna hat starken Leidensdruck, sie ist abwechselnd angespannt und erschöpft. Sie zieht zunächst zu ihrer Freundin, für zwei, drei Wochen quartiert sie sich dort ein, um mit dem Schrecken nicht allein sein zu müssen. Von da an sucht sie öfter Unterschlupf, wenn sie mit dem Albtraum nicht zurechtkommt. Anna bleibt über Nacht, reihum, in ihrem Freundeskreis. Ihrem Kokon. Anna ist schreckhaft. Sie sorgt sich, sie könne erneut überfallen werden, sie hat diffuse Bedrohungs- und Erwartungsängste. Sie ist bedrückt und resigniert, sie quält sich mit Selbstvorwürfen und ist voller Scham über das Erlebte. Es hilft Anna, im Beratungszimmer beim Frauennotruf zu erfahren, dass all' dies typisch ist für sexuelle Gewalterfahrungen.

Ihre Freundinnen begleiten sie, als sie zwei Wochen nach der Tat nach gründlichem Ringen mit der Situation Anzeige erstattet. Die Kleidung wolle sie nicht wieder ausgehändigt haben, sagt sie auf der Polizei. Anna will diese Sachen nie wieder tragen.

Die erste Vernehmung dauert lange, drei Stunden, unterbrochen nur von einer kleinen Pause, und auch das nur, weil Anna darum bittet. Anna kann sich an zahlreiche Details nicht erinnern, Annas Antworten, Beispiele: «Da hatte ich mich ausgebeamt zu der Zeit. Das kann ich nicht sagen, da setzt mein Erinnerungsvermögen völlig aus. Das ist völlig im Dustern. Das ist wie ausgelöscht, das ist im Unterbewusstsein verschwunden. Weiß ich nicht.»

Die Polizistin wertet dies in ihrem Vermerk. Zitat: «Ihre Angaben waren nicht immer nachvollziehbar. Zu konkreten Nachfragen zu Einzelheiten der Tathandlungen konnte die Geschädigte kaum Angaben machen.» Die Kommissarin sieht sich in ihrem Misstrauen bestätigt. Nach den polizeilichen Maßstäben spricht eine hohe Detaildichte für die Glaubwürdigkeit der Aussage, möglichst rhetorisch geschliffen vorgetragen von einem Opfer mit ausgezeichnetem visuellen Gedächtnis. Alkohol- und Drogenfreiheit sprechen ebenso für das Opfer. Anna hatte in der Tatnacht ein paar Gläschen getrunken. Misstrauisch vermerkt die Polizistin den Namen des – alkoholfreien – Erfrischungsgetränks, das Anna an diesem Hochsommertag bei der Vernehmung dabei hat.

Positiv wird auch das umgehende Erstatten einer Anzeige gewertet. Anna hat einige Zeit für den Weg auf das Amt gebraucht. Die Polizei sieht es nicht gern, wenn Opfer bereits mit anderen über das Geschehene gesprochen haben, es könne eine Aussage verfälschen, wenn dem Opfer schon einmal geglaubt wurde, oder auch, wenn das Geschehene zu oft wiederholt würde, und sich zum Beispiel Falschaussagen verselbstständigten, so die Annahme, die zwar auf gängige, aber nicht notwendigerweise immer sinnvoll angewandte aussagepsychologische Betrachtungen zurückgeht. Anna war bereits beim Frauennotruf. Anna wirkte auf die Polizistin aufgelöst, ein konzentrierter Auftritt ist der Maßstab. Anna fällt in den Augen der Kommissarin in allen Punkten durch, sie erfüllt nicht die Anforderungen einer idealen Opferzeugin.

Annas Anwältin gab später ein Glaubwürdigkeitsgutachten in Auftrag. Darin werden Annas Erinnerungslücken als Dissoziative Amnesie eingestuft. Aus Annas Gutachten: «Als wichtigstes Kennzeichen der Dissoziativen Amnesie nennt die Weltgesundheitsorganisation den Verlust der Erinnerung für meist wichtige aktuelle Ereignisse, die nicht durch eine organische psychische Störung bedingt ist und für den eine übliche Vergesslichkeit oder Ermüdung als Erklärung nicht ausreicht; die Amnesie bezieht sich meist auf traumatische Ereignisse wie Unfälle oder unerwartete Trauerfälle und ist in der Regel unvollständig und selektiv. Festzuhalten ist, dass ein substantieller Erinnerungsverlust zwar keineswegs eine wahrscheinliche Folge einer Vergewaltigungserfahrung ist, dass ein solcher Einzelfall aber vorkommen kann und nicht per se gegen einen Erlebnisbezug spricht. Nach den vorliegenden Informationen erscheint weder eine absichtliche Falschaussage noch eine suggerierte Aussage als wahrscheinlich.» Das Gutachten bescheinigt Anna Integrität. Sie ist glaubwürdig. Ebenso ihre Aussage, die – Zitat – «gerade wegen ihrer erheblichen Lücken in der Darstellung des Geschehens imponiert». Doch soweit ist es noch nicht.

«Die Zeugin stand offensichtlich unter starkem emotionalem Stress», vermerkt die Kommissarin. Dennoch erspart sie Anna nicht eine einzige Detailfrage. Ihre Anwältin nennt dies später «eine unnötig belastende Befragung». Anna muss in dem posttraumatischen Zustand mit den Fragen der Kommissarin zurechtkommen.

Annas erste Vernehmung, Fragen aus dem Protokoll:

«Was hat er gemacht, als er eingedrungen ist? Hat er sich währenddessen bewegt oder nicht? Können Sie das bitte etwas beschreiben, wie er sich bewegt hat? Heißt hin und her vor und zurück oder hoch und runter? Hat er sich mehrfach bewegt, oder einmal, zweimal? Hat er an seinem Geschlechtsteil manipuliert? War er erregt?»

Die Fragen zur Tat erstrecken sich über fünf Protokollseiten, Annas Antworten dazu sind einsilbig, höchstens einzeilig. Anna erinnert diese Detailfragen als «sehr heftig, richtig mies». Sie hatte das Gefühl, sie müsse sich rechtfertigen, ihr war der um sie herum schleichende Gedanke unangenehm, sie sei an allem selber Schuld. Anna empfand das ihr von Vornherein entgegen gebrachte Misstrauen als Herabwürdigung. Fragen danach, wie Anna vor ihrer Flucht den Mann hinter sich bemerkte, Beispiele: «Wie schnell war er? Sehr schnell, schnell, getrabt, gesprintet? Ist er gelaufen oder ist er forschen Schrittes gegangen? Wie schnell sind Sie in dieser Situation gegangen, bevor Sie ihn gesehen haben? Oder sind Sie gelaufen oder forschen Schrittes gegangen?»

Anna kommt lange nicht über die Wortklauberei zwischen «laufen» und «forschen Schrittes gehen» hinweg, sie konnte sie sich nicht genau erinnern: Sie verstand zwar, dass die Polizistin nachbohren musste, um möglichst viel ermitteln zu können, doch sie vermisste auch eine gewisse Sensibilität angesichts ihrer Gedächtnislücken. Anna quälte sich, dass sie die Dinge nicht genau benennen konnte, sie wollte doch eine möglichst präzise Aussage machen, mit der die Polizei etwas anfangen konnte, damit der Täter gefangen wird.

Die Vernehmung geht weiter:

Frage: Aus welchem Grund sind Sie ausgerechnet auf den Kinderspielplatz gegangen?

Antwort: Wenn ich das wüsste, wäre es nicht passiert.

Frage: Hätten Sie nicht einfach geradeaus laufen können?

Antwort: Ja. Das kann ich nicht erklären, ich habe in dem Moment nicht logisch reagiert.

Anna stimmt zu, die «Lichtbildvorzeigedatei» des Landeskriminalamtes einzusehen. Sie ist nicht sicher, ob sie den Beschuldigten wieder erkennen würde, möchte es aber versuchen. Aus der Täter-Datei werden auf der Basis von Annas Aussage einige nach bestimmten Parametern ausgewählt. Kein Treffer.

Die Kommissarin begibt sich zum Ortstermin, mittags schreitet sie den Tatort ab. Anna hatte in ihrer Vernehmung gesagt, dass sie aus dem Spielschiff nicht mehr herausgekommen sei. Die Kommissarin schlussfolgert nach eingehender Besichtigung des Klettergerüstes, «auf den zwei Decks, Backbord, Steuerbord sowie auf dem Ausguck»: «Aus welchem Grund die Geschädigte meinte, man käme dort nicht mehr heraus, wenn man hineingegangen ist, kann nicht nachvollzogen werden. Die Besichtigung des Tatortes ergab erhebliche Zweifel an der Schilderung des Tathergangs durch die Geschädigte.»

Eine Freundin von Anna glaubt, einen Mann gesehen zu haben, auf den Annas Täterbeschreibung passt. Sie ruft Annas Kommissarin an, wird zum Vernehmungstermin geladen.

Die Fragen konzentrieren sich auf die Überprüfung der Aussagen von Anna, Zitat Vernehmungsprotokoll von Annas Freundin: «Was hat Ihnen denn Anna über die Vergewaltigung erzählt? Was hat sie gesagt, was genau passiert ist? Wie ist es denn überhaupt zu der Anzeige gekommen? Woher kennen Sie Anna? Wie stehen Sie zueinander?»

Annas Freundin ist irritiert, sie findet die Fragen irrelevant. Lediglich zwei Fragen in dem siebenseitigen Protokoll zu dem Hinweis auf einen möglichen Täter: «Dann schildern Sie doch bitte, wie Sie den Täter wo und wann meinen, erkannt zu haben. Haben Sie den Mann auch früher dort gesehen?» Annas Freundin war der Mann, der im Gemüseladen Zigaretten kaufte, aufgefallen. Anna hatte das Gefühl, dass der Mann sich in der Umgebung auskannte, als er sie in der Tatnacht verfolgte. Das hatte sie der Freundin und auch der Polizistin gesagt. Eine weitere Bekannte aus der Nachbarschaft habe gewusst, dass der Mann gelegentlich dort in dem Gemüseladen arbeite. Ein recht konkreter Hinweis aus Annas Umkreis, in dem auch der Tatort lag. Die Kommissarin führt keinerlei Ermittlungen in diese Richtung.

Annas Freundin hat übrigens Veränderungen festgestellt, Zitat aus dem Protokoll: «Sie ist halt nicht mehr so fröhlich und ausgelassen wie sonst.»

Die Aussagen der Freundin stimmen mit Annas Aussagen überein; Anna hat der Kommissarin die Geschehnisse genauso geschildert wie ihrer Freundin. Keine Widersprüche. Es nützt nichts. Die Kommissarin glaubt Anna nicht. Sie lädt sie zur Tatortbegehung.

Anna lässt sich von ihrer Freundin begleiten. Die Polizisten schicken sie weg, mit der Begründung, ihre Anwesenheit wäre nicht günstig für Anna und würde das gesamte Ermittlungsverfahren verfälschen. Anna und ihre Freundin nehmen das so hin. Die Freundin geht nach Hause. Nun allein auf dem Spielplatz, wird Anna von dem Team vom Landeskriminalamt aufgefordert, das Tatgeschehen nachzustellen, sie solle so rennen, wie sie an dem Abend gerannt sei. Anna wird stutzig, leistet aber dennoch den Anweisungen gewissenhaft Folge. Sie möchte die Polizisten überzeugen; sie sei gutgläubig gewesen, sagt Anna später, nach dem Schock am Tatort war ihr Vertrauen in die Polizei allerdings dahin. Innerlich fühlte sie sich an dem Tag «wie im falschen Film». Das Team in Zivil schnitt alles per Video mit. Sie ließen Anna Spießrutenlaufen. Anna musste durch das ganze Schiff klettern, immer begleitet von dem Kommentar, sie hätte doch da raus gehen und nicht in die Falle tappsen müssen. Sie trieben Spott mit ihr, Anna erinnert sich, wie sie riefen: «Wo denn nun? Wie denn nun? Was passierte genau? Stellen Sie nach!» Anna erkennt nichts wieder, kann sich kaum erinnern.

Dann sollte sie sich an die Stelle setzen, an der sie vergewaltigt wurde. Anna hatte keine Kraft mehr, nein zu sagen. Der Hauptkommissar schrie sie in dem Spielschiff an; wieder ein Mann, der sie an diesem Ort beschimpfte: sie hätte die Straftat nur vorgetäuscht, noch sei es früh genug, die Anzeige zurückzuziehen, ihre Freunde würden auch nichts davon erfahren, darum hätten sie ihre Freundin ja weggeschickt.

Anna fragte, was das solle, warum sie denn unter Druck gesetzt werden solle, sie versuche doch, bei den Ermittlungen nach Kräften behilflich zu sein. Ihre Fragen gingen in dem Getümmel auf dem Spielplatz unter. Es war ein brütend heißer Sommertag. Kinder spielten Pirat auf dem Holzschiff, an den Baumwurzeln im Sand gaben leicht bekleidete Mütter ihren Babys die Brust.

Mit dem Einsatzwagen geht es quer durch Berlin zum Landeskriminalamt, um das Protokoll aufzunehmen. Anna sieht die Szene noch vor sich, wie der Hauptkommissar sie in dem Büro anbrüllte, sie solle doch die Anzeige zurückziehen, dann würde ihr nichts passieren. Er würde dafür sorgen, dass sie eine Gegenanzeige bekomme. Besonders schlimm fand Anna, dass er sie als psychisch krank beschimpfte. Selbst wenn es so wäre, hätte er nicht das Recht, sie deswegen als Lügnerin hinzustellen, stellt Anna klar. Sie fühlte sich wie ein Verbrecher. Sie versuchte, immer wieder zu betonen, was ihr geschah, doch das war nach ihrem Eindruck völlig unwichtig. Die Vernehmung wurde von der bearbeitenden Kommissarin geführt, in harschem Ton, das Intermezzo mit dem Hauptkommissar ist nicht protokolliert, Auszüge, Annas zweite Vernehmung:

Frage: Anna, wenn ein Mann Ihnen sein Glied in den Mund steckt, dann muss es Ihnen doch möglich sein, sich zu erinnern, ob er ejakulierte?

Antwort: Ich habe Erinnerungslücken.

Frage: Ihre Erinnerungen setzen immer dann aus, wenn es konkret wird, wenn es um Einzelheiten geht.

Antwort: Was soll ich denn machen, mit meinen Erinnerungslücken?

Frage: Ist Ihnen verständlich, dass wir Probleme haben, Ihre Schilderung des Sachverhalts nachzuvollziehen?

Antwort: Ich bleibe bei meiner Aussage.

Frage: Anna, gibt es irgendeinen Grund, aus dem Sie hier möglicherweise andere Angaben gemacht haben, als die, die der Realität entsprechen?

Antwort: (verneinendes Kopfschütteln)

Anna hat bei der Tatortbegehung eine schwere Retraumatisierung erlitten, danach muss sie von ihrer Psychologin stabilisiert und ins Hier und Jetzt zurückgeholt werden. Für die Psychologin ist Annas Fall kein Einzelfall.

Es kann passieren, dass sich eine Betroffene bei einer Vernehmung durch die Polizei wieder genauso fühlt wie in der Situation, in der sie Gewalt erlebt hat, dass sie sich genauso machtlos fühlt, dass sie sich in die Ecke gedrängt fühlt, und dass sie dann auch nicht mehr in der Lage ist, klar zu denken, eine klare Aussage zu machen. Sie möchte dann vielleicht nur flüchten, oder sie erstarrt und ist nicht mehr fähig, sich abzugrenzen. Dies kann durch einen harten Vernehmungsstil, in dem die Betroffene mit sehr harten Fragen konfrontiert wird, relativ leicht passieren. Die Symptome, die Betroffene entwickeln, sind in der Regel dieselben wie bei einer posttraumatischen Belastungsreaktion.

Aus Annas Erinnerungslücken konstruiert die Polizei die Gegenanzeige. Im Schlussbericht des Landeskriminalamtes heißt es: «Infolge der zweifelhaften Aussagen der Geschädigten, ihres Verhaltens am Tatort und in Verbindung mit der Beschaffenheit dessen, wird hier davon ausgegangen, dass die geschilderte Tat so nicht stattgefunden hat. (…) Überhaupt bestehen erhebliche Zweifel, dass Anna Geschädigte einer Sexualstraftat geworden ist. Infolgedessen wurde hier eine Strafanzeige wegen des Verdachts der Vortäuschung einer Vergewaltigung gefertigt. Die Staatsanwaltschaft wird um Entscheidung gebeten, ob die untersuchten Kleidungsstücke vernichtet werden können. (...) Der Vorgang wird aus den genannten Gründen als KEINE STRAFTAT abgeschlossen und der zuständigen Staatsanwaltschaft Berlin, verbunden mit dem oben genannten Verfahren wegen Vortäuschung einer Vergewaltigung übersandt.» Inklusive Videokassette und Lichtbildmappe: Zahlreiche Fotos vom Tatort, auf denen Kinder auf dem Spielschiff in die digitale Fotokamera der Polizisten in Zivil grinsen, durchnummeriert und mit Index. Annas Albtraumschiff wirkt so harmlos wie ein Ausflugsdampfer auf der Spree.

Nur wenige Wochen später flattert Anna die Gegenanzeige ins Haus. Sie erweist sich als haltlos und wird darum vier Monate später von der Staatsanwaltschaft eingestellt.

Die Zahl der Gegenanzeigen, der sogenannten «Roll-backs», hat in den letzten Jahren in Berlin in einem Maß zugenommen, dass Betroffene diese Gefahr einkalkulieren müssen. Es ist ein neues Phänomen, dass diese Verfahren zunehmend von der Polizei eingeleitet werden, früher erstatteten eher die Beschuldigten Gegenanzeige, wenn sie sich falsch verdächtigt fühlten.

Anna hat es wehgetan, von der Kriminalpolizei nicht ernst genommen und stattdessen verhöhnt zu werden. So als ob sie einfach ein Los geworfen hätten. Anstatt objektiv zu ermitteln.

Die Gegenanzeige sei einfach eine «Frechheit», beruhigt die erfahrene Rechtsanwältin ihre Mandantin im ersten Beratungsgespräch, zuvor hatte sie Akteneinsicht genommen: die Anzeige sei «absurd».

Die Anwältin war Anna von einer Opferhilfseinrichtung empfohlen worden. Anna hat erst anlässlich der Gegenanzeige anwaltliche Hilfe in Anspruch genommen, sie wollte das nicht so über ihren Kopf hinweg stehen lassen, dass ihr das Vortäuschen einer Gewalttat unterstellt werden sollte. Die Anwältin kritisiert, dass angesichts Annas eklatanter Erinnerungslücken zum

Tatgeschehen nicht einmal ein psychologisches Glaubwürdigkeitsgutachten hinzugezogen wurde.

Begleitend zur Einstellung der Gegenanzeige schreibt die Staatsanwältin an Annas Rechtsanwältin: «Sofern Ihre Mandantin selbst den Täter noch einmal sehen sollte, möge sie sich bitte schnellstmöglich an eine Polizeidienststelle wenden.»

Anna möchte wenigstens eine Opferentschädigung, sie möchte als Opfer anerkannt werden. Für Opfer hat es heilsame Wirkung, wenn die Täter bestraft werden. Da dies nicht der Fall ist und der Beschuldigte weiterhin auf freiem Fuß ist, ist die Opferentschädigung für Anna nicht nur eine «Prinzipienfrage», sondern ein wichtiger Schritt auf dem Weg zu ihrer Genesung.

Wenn Opfer von Gewaltdelikten erwerbsunfähig, hilflos oder pflegebedürftig sind, muss ihnen der Staat Schutz gewähren. Nach dem Opferentschädigungsgesetz kann ein Opfer einer vorsätzlichen Straftat einen Antrag beim Versorgungsamt stellen. Liegt eine Minderung der Erwerbsfähigkeit von mehr als dreißig Prozent vor, übernimmt das Amt alle Maßnahmen, um diese wieder herzustellen, bei Vergewaltigungsopfern sind dies zum Beispiel Heilbehandlungen wie Therapien, aber auch einkommensunabhängige Rentenleistungen, die aufgrund bleibender Schädigungsfolgen gewährt werden können. Auch einkommensabhängige Leistungen mit Lohnersatzfunktion können in bestimmten Fällen gezahlt werden. Voraussetzung ist das Erstatten einer Anzeige. Was geordnet klingt, ist jedoch in der Praxis nicht immer leicht durchzusetzen. Anna hat den Antrag gestellt, unterstützt von ihrer Anwältin. Jobs in Annas Arbeitsbereich setzen eine starke Belastbarkeit voraus. Die enorme psychische Belastung und die Folgen durch die Vergewaltigung warfen sie in ihrem Leben zurück. Das Versorgungsamt lehnte den Antrag ab. Zur Begründung hieß es, das Vorliegen einer Straftat sei nicht bewiesen. Nun liegt der Vorgang zur Entscheidung beim Sozialgericht. Hier nun wurde das Glaubwürdigkeitsgutachten verlangt. Die ganze Angelegenheit ist nach Jahren noch nicht entschieden.

Vier Jahre nach der Sintflut hat Anna wieder Boden unter den Füßen. Anna ist stolz auf ihren Arbeitsvertrag als Theologin in dem Altersheim, in dem sie die Nachtschichten übernommen hatte. Als erstes setzte sie sich in ihr Auto und fuhr zum Baumarkt. Danach strich sie die Küche neu: Zitronenhimmelgelb, im Inneren ihres Lebensgebäudes mag Anna heitere Farben und warme Erdtöne, für das Parkett aus echtem Holz und die Terrakottafliesen. Nach außen zeigt sie sich pragmatisch, ein freundlicher, hellgrauer Putz. An die Tat möchte sie nicht mehr erinnert werden. Sie möchte in einem sicheren Gerüst ihr Leben leben mit den Säulen Glaube, Beruf, Privatleben. Anna sind ein paar Dinge im Leben wichtig: Hilfsbereitschaft, Ehrlichkeit, Bescheidenheit. Anna ist seit einiger Zeit in festen Händen. Ihr Freund achtet darauf, dass sie das Trauma abschließt, und freut sich mit ihr, wenn es Schritt für Schritt gelingt.

Als Theologin hat Anna nun ein größeres Einfühlungsvermögen für Menschen mit Opfererfahrungen. Sie hat einen ganz anderen Zugang.

JULIA

Julia und ihr Freund gehen im Berliner Regierungsviertel spazieren. Vor den Schrifttafeln mit den Paragraphen des Grundgesetzes bleiben sie stehen: Artikel I, Die Würde des Menschen ist unantastbar. Diesen Artikel haben die Polizisten verletzt, als sie Julia auf dem Polizeirevier aufforderten, sich auszuziehen. Julia friert, wenn sie sich daran erinnert damals, bei der Vernehmung in der Tatnacht, fror sie auch.

Es ist der Geburtstag von Julias Freund, der Jahrestag ihrer ersten Begegnung. Zwei Tage später wurde Julia damals auf dem Weg von der S-Bahn nach Hause von einem Fremden brutal vergewaltigt.

Julia war an dem Abend mit Freunden zusammen. Sie hatten ein kleines Theaterstück einstudiert, für eine Hochzeitsfeier von Bekannten. Julia träumte die ganze Zeit vor sich hin, und alle sahen, dass Julia von Amors Pfeil getroffen war. Sie trug ihre romantischen Lieblingskleider: einen langen Sommerrock, eine bestickte Bluse, und darunter noch ein T-Shirt, Sandalen und eine passende Umhängetasche, alles in Pastelltönen. Julia ist eine Perfektionistin.

Es war eine laue Sommernacht. Sie nahm die S-Bahn.

Bis nach Hause ist es weit, deshalb will sie bei einem Bekannten übernachten. Der soll sie am Bahnhof abholen. Doch der

Bekannte kommt nicht, Julia beschließt, zu Fuß zu gehen. Mit einem mulmigen Gefühl, denn bereits in der S-Bahn ist ihr ein Mann unangenehm aufgefallen.

An der nächsten Straßenecke, noch ganz nah am Bahnhof, packt dieser Mann sie, im Würgegriff schleift er sie etwa hundertfünfzig Meter in den angrenzenden Stadtpark. Der Tatort: ein Gebüsch am Wegesrand.

Julia bekommt kaum Luft, der Mann droht ihr: «Wenn du ruhig bist, und wenn du machst, was ich sage, dann bringe ich dich nicht um.»

Die Geschädigte habe sich daraufhin aus Angst um ihr Leben und ihre Gesundheit passiv dem Täter gegenüber verhalten, steht im Polizeivermerk zu Julias Anzeige. Julia hätte ohnehin nicht weglaufen können. Sie ist infolge einer Gehirnblutung, die sie als Kleinkind erlitt, halbseitig gelähmt.

Danach schleppte sich Julia zurück zum nächtlich beleuchteten Bahnhof.

Drei Uhr fünfzehn.

«Auf dem Bahnsteig habe ich mich hingesetzt, gezittert und geweint, weil ich nicht mehr konnte», schreibt Julia in ihrem Gedächtnisprotokoll am Tag nach der Tat. Später nimmt das Landeskriminalamt ihre Notizen «zum Vorgang». Die Passanten, die sie ansprach, antworteten nicht einmal, guckten nur blöd. Bis auf einen, der sagte, helfen Sie sich doch selbst. Für Julia waren vierzig Minuten in dieser Nacht eine Ewigkeit.

Irgendwann kamen zwei junge Männer zu ihr und fragten, was los sei. Sie erklärte, sie brauche Hilfe, sie sei vergewaltigt worden. Sie riefen sofort die Bahnhofsaufsicht.

Vier Uhr zehn.

Bei der Polizei geht die Alarmierung des S-Bahn-Personals per Fax ein, daraufhin rücken zwei Funkwagen aus.

Vier Uhr dreißig.
Julia findet sich auf dem Polizeirevier. Drei Stunden lang lässt man sie dort warten, bis zum Beginn der Frühschicht. Erbarmungslos lassen sie sie mit ihren Schmerzen und unter dem Schock des Geschehenen im Flur sitzen, ohne ihr etwas zu essen oder zu trinken zu geben. Bis ihr gegen Morgen eine Polizistin eine Zigarette anbietet und Kaffee aus einem Automaten. Julia ist Nichtraucherin, aber sie raucht diese Zigarette, sie hat das Gefühl, diese Polizistin habe Mitleid mit ihr.

Sieben Uhr.
Eine andere Polizistin eröffnet gemeinsam mit einem Polizisten das Frage-und-Antwort-Spiel, das Julia lange belastet. Julia erinnert sich genau: «Sie schmissen zuerst die Tür hinter sich zu, dann schmissen sie Akten auf den Tisch und sagten, wissen Sie was, wir glauben Ihnen nicht! Sie wollten das doch, und jetzt zeigen Sie den Kerl an, um sich an ihm zu rächen.» Sie hätte den Mann angebaggert, er hätte sie abgewiesen. Das war die Version zum Tathergang, mit der die Polizisten Julia konfrontierten.

Julia war direkt nach der Tat auf das Revier gekommen, um Strafanzeige zu stellen, und konnte in sachlicher Form detaillierte Angaben über eine Vergewaltigung durch einen Fremdtäter machen, der sie im Freien überwältigte. Eigentlich eine Konstellation, in der es überhaupt keinen Anhaltspunkt dafür gibt, dass die Betroffene eine falsche Verdächtigung erhebt. Körperliche Spuren – Rötungen am Hals und an den Knien – deckten sich mit ihrem Bericht. Julia gab bereits in der ersten Vernehmung den genauen Ablauf der analen und oralen Vergewaltigung unter Todesdrohung wieder.

Doch die Polizisten glauben ihr nicht. Sie bemerken, ihr Rock sei ja ganz trocken, sie sei nicht verletzt, und sie weine ja gar nicht. Julia antwortet, sie sei so schockiert und fassungslos von dem, was passiert sei, sie könne gar nicht weinen. «Ich habe mich wie ein Täter gefühlt, nicht wie ein Opfer. Und eigentlich sollte ich wie ein Opfer behandelt werden und nicht wie ein Täter», sagt sie später. Das sei ein regelrechtes Verhör gewesen, keine faire Vernehmung.

Ausschlaggebend für die Vorverurteilung könnte gewesen sein, dass Vergewaltigungsmythen diese Vernehmung beherrschten. Julia erfüllte nicht die Erwartungen, die die Mythen diktierten. So war sie nicht emotional genug, um als Opfer auf die Polizisten glaubwürdig zu wirken.

Im Protokoll heißt es: «Sie machte während des Gespräches einen sehr gefassten und ruhigen Eindruck. Sie wirkte nicht verstört oder eingeschüchtert.» Ihre Schilderungen seien teilweise regelrecht lebhaft gewesen, auch bei der Tatortbesichtigung habe die Geschädigte einen recht gefassten Eindruck gemacht. Dies ist keineswegs als sachliche Feststellung, sondern als Vorwurf gemeint, in Verbindung mit der Behauptung, auf Nachfragen beziehungsweise auf mehrfach gestellte Fragen habe sie sich jedoch «in Widersprüche beziehungsweise differenzierende Aussagen verstrickt». Das ganze Protokoll ist ein Zeugnis des Misstrauens.

Gegen Vergewaltigungsmythen in den Köpfen der Ermittler haben Opfer oft kaum eine Chance.

Seit Jahrzehnten ist wissenschaftlich erforscht, dass sich um das Thema Vergewaltigung Mythen ranken. Schlechte Mythen, die über Zeitalter, Ländergrenzen, Klassenunterschiede hinweg im kollektiven Bewusstsein fortbestehen. Sie führen im Allgemeinen dazu, dass man Opfern eine Mitschuld zuschreibt und Täter entlastet. Allzu oft werden Frauen unter Generalverdacht gestellt.

Gängige Vergewaltigungsmythen sind: Sie weint zu wenig, dann kann es doch nicht so schlimm gewesen sein. Sie weint zuviel, also schauspielert sie. Sie wollte sich nur an dem Mann rächen, indem sie behauptet, sie sei vergewaltigt worden. Ein nein sei ein kokettierendes nein, zumindest indirekt hätten doch körperliche Signale eine Bereitschaft zu sexuellen Handlungen, ein ja kommuniziert. Die Frau provozierte den Mann durch ihre attraktive Erscheinung. Sie war aufreizend gekleidet. Nur junge Frauen werden vergewaltigt. Sie war nachts allein unterwegs. Wenn die Frau nicht schwer verletzt ist, war es keine Vergewaltigung. Sie stimmte zu, weil sie aus dem gewaltsamen Geschlechtsverkehr einen Lustgewinn erzielte. Ein Mann kann eine Frau nicht gegen ihren Willen vergewaltigen. Weitere, die Schuld der Täter abmildernde Mythen sind: Männer vergewaltigten aus einem überbordenden Sexualtrieb heraus. Vergewaltigungen passierten draußen, in unbeobachteten Gegenden.

Männer denken eher in diesen Bahnen als Frauen, das heißt aber nicht, dass Frauen frei von ihnen sind. Frauen akzeptieren diese Mythen gern zur Abwehr der eigenen Ängste. Wenn die Opfer selber schuld sind, dann könne einem so etwas nie passieren, wenn man sich nur richtig verhalte, so das Opfer abwertende weibliche Trugbild.

Opfer abwertende Mythen können sozialen Zusammenhalt herstellen: Wenn alle Schuld beim einzelnen Opfer liegt, was hat dann die Gesellschaft damit zu schaffen? Das Opfer wird isoliert, seine Schuld ist Kitt für den Zusammenhalt der Gemeinschaft. Es gibt religiöse, soziale, historische Mythen, manche gehen unter, tauchen wieder auf, manche vermischen sich. Ein Blick in die dunklen Gerichtshöfe des deutschen Mittelalters vermag vielleicht die Mythen aus Julias erster Vernehmung zu erläutern.

Vergewaltigungsmythen basieren auf irrationalen Vorstellungen, die letztlich Unterdrückungsmechanismen sind, wie sie in Deutschland besonders im Mittelalter durch ein säkularisiertes Sexualstrafrecht verbreitet wurden. Das Frauenbild reichte in seinem Fanatismus bis hin zu Verteufelungen und schließlich zur Hexenverfolgung. Die Vergewaltigungsmythen, mit denen Julia konfrontiert wurde, erinnern an die moralischen Vorstellungen jener schaurigen Zeit.

Auf Vergewaltigung standen in der europäischen Rechtstradition hohe Strafen und Höchststrafen, im dreizehnten Jahrhundert wurde die Todesstrafe durch Kopfabschlagen im Sachsenspiegel schriftlich festgehalten, also in einer der bedeutendsten Rechtsquellen des Mittelalters. Doch eigens für bestimmte Verbrechen eingerichtete kirchliche Gerichtshöfe fällten ihre eigenen Urteile. Sie befassten sich mit Ketzerei, Gotteslästerung, Hexerei und mit Vergewaltigung. Die in dieser Zeit autorisierten Mythen erhielten sich, auch wenn nach weltlicher Rechtsprechung Vergewaltigung ein Kapitalverbrechen war und ist. Aus dem im Mittelalter grausam überzogenen, christlichen Bild von der Sündhaftigkeit der Frau ergab sich, dass Frauen gering geschätzt und als unglaubwürdig hingestellt wurden. Beklagte eine Frau eine Vergewaltigung, so galt der Augenscheinbeweis. Dazu zählten unter anderem zerrissene Kleider und zerzauste Haare.

Mehrere Jahrhunderte später, nach der Jahrtausendwende, wurde nach Augenschein bemängelt, Julias Rock sei ja ganz trocken, sie weine ja gar nicht, sie habe keine Verletzungen und wirke nicht verstört: «Wissen Sie was, wir glauben Ihnen nicht!»

Demgegenüber waren «Sünden natürlicher, männlicher Wollust», und in diese Kategorie fiel die Vergewaltigung, nicht schwerwiegend, sie wurden mit milden Bußstrafen oder der Entrichtung von Almosen oder auch mit Geldzahlungen abgegolten. Auch diese mittelalterliche Überzeugung besteht bis heute fort. Dies könnte erklären, warum Julias Beschreibung der brutalen Vergewaltigung bei der ersten Vernehmung überhaupt nicht ins Gewicht fiel.

Mythen spuken in allen Köpfen, nicht nur in denen von Angehörigen bestimmter Berufsgruppen. Vergewaltigung ist ein schweres Thema, auch für Juristen. Weder im Studium noch im Referendariat werden sie darauf speziell vorbereitet. Die wenigsten nehmen Fortbildungsangebote wahr, nicht nur zu den Mythen, sondern auch zu anderen Aspekten des Themas Gewalt gegen Frauen. Nicht zu unterschätzen ist auch, dass dieser Arbeitsbereich eine große, persönliche Belastung sein kann.

Vergewaltigungsmythen leisten der sekundären Viktimisierung der Opfer Vorschub, und auch der Gewaltbereitschaft in der Gesellschaft.

Der Polizist fordert Julia auf, während der Vernehmung ihre Oberteile auszuziehen, wegen der DNA-Spuren. Dabei wird dies eigentlich im Krankenhaus gemacht, wo die Betroffene dann auch andere Kleidung bekommt. Eine andere Möglichkeit ist, dass die Betroffene die Sachen bei sich Zuhause aushändigt. Julia wird darauf nicht aufmerksam gemacht.

Julia weigert sich, sich vor dem Mann auszuziehen. Daraufhin verlässt der Polizist den Raum, Julia zieht sich vor der Beamtin ihre Oberteile aus.

Julia fand dies erniedrigend. Sie erinnert sich, dass die Beamten beide jung waren, und dass sie erwartete, dass die Frau einfach als Frau mehr Mitgefühl gezeigt hätte, dass sie sensibler gewesen wäre, vielleicht ein freundliches Wort für sie gehabt hätte. Julia möchte danach nicht mehr von Frauen vernommen werden. Die Polizisten waren nur ein paar Jahre älter als Julia, die damals neunundzwanzig war. Julia saß nun mit nacktem Oberkörper in dem Polizeibüro. Die Polizistin bietet ihr nichts zum Anziehen an. In ihrer Tasche findet Julia einen Pullover, von der Theaterprobe. Die Vernehmung geht weiter. Auf mehrfache Nachfrage erinnert sich Julia nicht mehr genau an die Unterhose des Täters, streng wird sie «auf Widersprüche hingewiesen». War die Hose nun «normal» oder besonders weit? War sie weiß, oder nicht weiß? Kann sie ihre Angaben nun bestätigen oder nicht?

Die Polizisten wiederholen, dass sie Julia nicht glauben, daraufhin haut sie mit der Hand auf den Tisch. Warum soll sie lügen und soviel Zeit opfern und zur Polizei gehen und eine so lange Wartezeit in Kauf nehmen? Nur, um eine Lüge auf den Tisch zu legen?

Julia: «Ich bin ein ehrlicher Mensch. Und außerdem habe ich keine Lust, Lügen in die Welt zu setzen, was hätte ich denn davon? Man hat gar nichts davon. Das war ein wildfremder Mann, ich kannte den gar nicht.» Das Misstrauen geht ihr noch lange nach. Es bringt sie an den Rand der Verzweiflung. Sie fragte sich sogar, ob sie vielleicht tatsächlich etwas Unrichtiges zu Protokoll gegeben haben könnte.

Julias Reaktion ist typisch, ihre Psychologin erläutert Erfahrungen aus Gesprächen mit vielen Betroffenen: Wenn Frauen Anzeige erstatten und ihnen dann nicht geglaubt wird, ist dies für die Frauen ein Schlag ins Gesicht, sehr schwer zu verarbeiten, sehr hart. Deprimierend ist auch die Erfahrung, bestimmte Dinge nicht oder nicht genau erinnern oder logisch erklären zu können und dann auf mögliche Widersprüche festgenagelt zu werden. Sie fühlen sich dann als Beschuldigte, viele bereuen die Anzeige.

Acht Uhr fünfzig.

Tatortbegehung. Julia erinnert sich ungern an diese Besichtigung. Der Polizist habe sie sogar aufgefordert, «alles noch einmal nachzustellen». Im Nachhinein fand Julia: «Diese Tatortbegehung war wie eine zweite Vergewaltigung.» Die Polizisten bemerken keine abgeknickten Brennesselhalme oder Zweige in dem Gebüsch an der von Julia gezeigten Stelle, und sehen sich in ihrem Misstrauen bestätigt.

Dass sich dieses Gebüsch in dem weitläufigen Landschaftspark über einen Weg von mehreren hundert Metern erstreckt, und dabei ein Busch dem anderen gleicht, erwähnen sie nicht.

Neun Uhr dreißig.
Julia wird im Krankenhaus untersucht. Bis auf die leichten Schürfwunden hat Julia keine Verletzungen. Es werden DNA-Abstriche an verschiedenen Körperstellen genommen und «den Kollegen von der Kriminalpolizei mitgegeben». Der gesundheitliche Strang der Erstuntersuchung nach dieser ungeschützten, analen Vergewaltigung wird von den Klinikärzten vernachlässigt. Sie empfehlen lediglich eine ambulante Untersuchung auf Hepatitis und Aids. In vier Wochen solle sie sich dazu bei einem Gynäkologen vorstellen. Dies ist der Rat eines akademischen Lehrkrankenhauses der Berliner Universitätsmedizin Charité, schriftlich fixiert im Untersuchungsbericht, der in Julias Akte liegt.

Zehn Uhr fünfzehn.
Die Polizei bringt Julia nach Hause. Dort zieht sie sich um und übergibt der Polizei die restlichen Kleidungsstücke.

Die Polizisten wünschen Julia einen schönen Tag. Julia findet, die Polizisten hätten einfühlsamer sein können. Was hat man denn als Frau für einen schönen Tag, wenn man gerade vergewaltigt wurde, fragt Julia. Die Polizisten sollten ihrer Meinung nach genauer hinschauen, und sich erstmal ein Bild machen, ob eine lügt oder nicht. Manche Frauen könnten ja lügen, aber deswegen dürfe man doch nicht alle wie Verbrecher behandeln: «Ich dachte, das gibt es nicht. Da ist etwas Schlimmes passiert, jeder sagt, man muss sofort anzeigen. Hätte ich auch sowieso sofort gemacht. Aber dass man dann so behandelt wird, damit habe ich überhaupt nicht gerechnet. Dennoch, man soll immer eine Anzeige machen. Und sich auf gar keinen Fall einschüchtern lassen. Das darf man sich nicht nehmen. Auch vom Täter nicht einschüchtern lassen! Das hat der ja versucht, aber ich bin trotzdem zur Polizei gegangen, ich habe das alles auf mich genommen, aber es hat sich ja gelohnt, zum Schluss.»

Julia ruft eine befreundete Sozialarbeiterin an. Sie macht in Julias Wohnung zunächst einmal Frühstück. Julia ist auch im Krankenhaus nichts zu essen angeboten worden. Nun geht es auf elf Uhr zu.

Die Sozialarbeiterin half Julia zu der Zeit bei der Jobsuche. Bücher sind Julias Leben. Das ist eine Ablenkung, eine andere Ebene, auf die man einfach gehen kann, indem man ein schönes Buch aufklappt, beschreibt Julia ihr Leben als Leseratte. So hatte sie es auch der befreundeten Sozialarbeiterin erzählt. Sie bemühte sich daraufhin für Julia um Arbeit in einer Bibliothek, das war in diesem Sommer, als Julia vergewaltigt wurde.

An diesem Tag nach der Tat konnte Julia mit der Freundin über alles reden, auch darüber, was ihr auf der Polizei passiert war, und im Krankenhaus. Julia erinnert dieses Frühstück als Schlüsselerlebnis. Nach all dem Schrecklichen war endlich jemand bei ihr, der sie in ihren Alltag zurückholte.

Die Sozialarbeiterin setzte einen Apparat praktischer Hilfe in Gang. Zunächst meldete sich Julia bei der Arbeit krank. Danach wurde ein Termin beim Hausarzt gemacht. Sie hat auch lieber einen zeitnahen Termin bei ihrer Frauenärztin vereinbart, schon allein wegen der Untersuchung auf Geschlechtskrankheiten. Der Aidstest war negativ. Das Bangen entsetzlich. Dazu ein Termin bei einer Psychologin. Sie empfahl Julia, nicht mehr allein zu polizeilichen Vernehmungen zu gehen.

Julia sprach auch darüber, dass sie sich gerade verliebt hatte, und dieser Mann mit ihr ausgehen wolle. Die Therapeutin riet ihr, diese erste Verabredung zu verschieben. Julia befolgte diesen Rat.

Zwei Tage nach der Tat meldet sich ein Kommissar vom Landeskriminalamt auf Julias Handy. Er schreibt darüber einen einseitigen Vermerk. Julia schildert, wie sie auf dem Polizeirevier behandelt wurde: wie ein Verbrecher und nicht wie das Opfer. Der Kommissar bittet «um Verständnis für Fragen zur Plausibilität». Julia beeindruckt dies nicht, sie möchte, dass die befreundete Sozialarbeiterin bei der nächsten Vernehmung dabei ist. Der Kommissar hält das für «wenig sinnvoll». Geregelt ist, dass «die Betroffene zur Vernehmung eine Person ihres Vertrauens mitbringen darf, es sei denn, der Polizeibeamte, Staatsanwalt oder Richter, der sie vernimmt, stellt fest, dass die Anwesenheit den Untersuchungszweck gefährden könnte.» Noch an diesem Nachmittag erscheinen Julia und die Sozialarbeiterin zum Termin. Aus dem Vermerk des Kommissars: «Letztendlich konnte ich die beiden umstimmen, so dass Frau … zustimmte, draußen zu warten, während ich die Vernehmung mit Julia durchführte.» Julia wird lange vernommen.

Diese ausführlichen Vernehmungen sind nicht nur anstrengend für Betroffene, die Aufzeichnungen werden in der juristischen Praxis oft einfach nicht gelesen. Dieses zweite Protokoll ist zwanzig Seiten lang.

Der Beamte befindet, «geistig wirke sie eher einfach strukturiert». Er bringt allerdings in diesem Zusammenhang Verwunderung an über zahlreiche «intelligente Fragen». Empört übergibt Julia dem Kommissar ihren Schwerbehindertenausweis. «Sie betonte, dass sich der Grad nur auf die körperliche Behinderung beziehe. Sie sei nicht geistig behindert.» Bereits im ersten Protokoll hatten die Beamten vermerkt: «Geistig behindert ist die Geschädigte jedoch nicht.» Julia ist darüber entsetzt. Bei einer nicht körperlich behinderten Frau schreibe man doch auch nicht, sie sei geistig nicht behindert.

Immerhin, in dieser in ruhigem Rahmen verlaufenen Vernehmung ist ein wichtiges Detail zur Sprache gekommen. An ihrem BH müssten Spuren des Täters sein, so Julia. Sie habe dem Täter extra gesagt, er solle ihr den BH zumachen, die Spuren müssten am Verschluss sein. Sie hätte den BH auch selbst schließen können; sie habe den Täter damit überlisten wollen. Sie habe einmal in einem Fernsehbericht gesehen, dass man über die DNA einen Täter ermitteln könnte.

Insgesamt fühlte sich Julia in dieser zweiten Vernehmung von dem Kommissar nicht ungerecht behandelt. Der Kommissar fragte, wie die Situation war, und kommentierte nicht, sie sei selber schuld. Nach dem Schock der ersten Vernehmung tat ihr die Neutralität dieses Kommissars gut. Sie war froh, in dem langen Termin auf dem «Dezernat für Sexualdelikte» mit ihren Informationen zu den Ermittlungen beitragen zu können. Sie fühlte sich ernst genommen. Der Beamte kommt zu dem Schluss: «Im Gegensatz zu den in der Sofortbearbeitung vermeintlich offen gelegten Widersprüchen konnten in der Vernehmung hier keine Anhaltspunkte für eine Vortäuschung festgestellt werden.» Er leitet die DNA-Analyse ein. Bereits drei Monate später führt die Spur, die Julia an ihrem BH sichergestellt hatte, zum Täter.

Die Polizei schließt eine andere Spur aus, dies nimmt allerdings Zeit in Anspruch. Dann tritt eine mehrere Wochen dauernde Verzögerung ein, weil der für den DNA-Abgleich zuständige Bearbeiter im Urlaub ist. Als er diesen am Heiligendreikönigstag für einen Tag unterbricht, gehen die Ermittlungen weiter. Fünf Wochen darauf wird der Täter als Beschuldigter auf dem Landeskriminalamt vernommen. Sechs Monate sind seit der Tat vergangen. Zwei Fragen werden dem Täter gestellt. «Was machen Sie beruflich?» Er empfängt Sozialhilfe. Ob er wisse, was er an diesem Tag vor einem halben Jahr gemacht habe? Nein, das weiß der Täter nicht. Er stimmt der Entnahme einer Speichelprobe zu. Die Staatsanwaltschaft ordnet die vergleichende molekulargenetische Untersuchung dieser Probe an.

Dieser zweite DNA-Abgleich bestätigt den ersten Treffer, der zu dem Täter geführt hatte: «Als Spurenverursacher der männlichen Beimengungen am BH und am Slip ist derselbe Spurenverursacher in Betracht zu ziehen». Siebzehn Monate sind seit der Tat vergangen. Während die behördlichen Mühlen langsam mahlen, ist der Täter, von dem vom ersten DNA-Treffer an klar war, dass es sich um einen vorbestraften Vergewaltiger handelt, auf freiem Fuß.

Julia ging es während dieser Zeit nicht gut. Es war ein Albtraum für sie, in der ersten Vernehmung als Lügnerin hingestellt zu werden. Sie ist froh, als sie von ihrer Anwältin erfährt, dass der Täter gefunden wurde.

Auf den Tag genau einen Monat nach dem DNA-Beweis wird der Täter als Beschuldigter vernommen. Nachdem er durch DNA-Datei-Check plus aktuellen Speichelprobengegencheck ohnehin überführt ist, ist der Täter, der sich vorher an nichts erinnern konnte, geständig. Wiederum ein weiteres halbes Jahr später stehen sich der Täter und Julia vor Gericht gegenüber. Julia ist Nebenklägerin in diesem Strafprozess. Sie sitzt ruhig neben ihrer Anwältin, die sie sorgfältig auf diesen Termin mit all seinen Besonderheiten und Anforderungen vorbereitet hat.

Der Täter will von einer Vergangenheit als Skinhead nichts mehr wissen. Er gibt sich brav. Der Richter erwähnt, immerhin sei er vor der Tat in einer einschlägigen Skinheaddiskothek gewesen, und habe sich dort am so genannten «Flatrate»-Trinken beteiligt, einem unbegrenzten Alkoholkonsum bei geringem Eintritt. Das Trinken wird bestätigt, die Zugehörigkeit zu den Skinheads nicht, der Richter nimmt das so hin. Ob der Täter Julia deswegen ausgesucht habe, weil sie körperbehindert ist? Diese Tatsache will der Täter nicht bemerkt haben, als sie vor ihm ging. Das sei ihm erst während der Vergewaltigung aufgefallen. Der Vorsitzende Richter nimmt auch das hin. Der Richter stellt nun eine offene Frage, er möchte wissen, warum der Täter Julia vergewaltigt habe? Kalt lächelnd sagt der Triebtäter in den Saal hinein, er hätte in der Disko keine abgekriegt und danach noch Bock gehabt, da habe er Julia in der S-Bahn gesehen und die sehe ja gut aus. Die Richter nicken in Richtung Opferzeugin. Julia schluckt und rückt ihre Lesebrille zurecht.

Gewalt gegen behinderte Frauen ist noch immer ein Thema, über das nicht gesprochen wird. Dabei sind behinderte Frauen besonders häufig Opfer sexueller Gewalt.

Seit 2003 ist das Strafmaß, das auf «sexuellen Missbrauch widerstandsunfähiger Personen» steht, neu geregelt. Laut Strafgesetzbuch betrifft dies Sexualstraftaten an psychisch kranken, geistig behinderten sowie bewusstlosen Opfern. Auf Julia treffen diese Kategorien nicht zu; die Frage des Richters war allein auf die Motivation des Täters gerichtet.

Nun muss Julia in den Zeugenstand. Sie zieht ihren Stuhl schräg durch den Saal, um sich darauf zu setzen für ihre Aussage. Um nichts in der Welt würde sie sich auf den Stuhl setzen, auf dem vorher der Täter saß. Julia muss noch einmal ihre gesamte Aussage wiederholen, mit allen Details zur Tat, die in der Anklage ohnehin bereits in aller Ausführlichkeit verlesen worden waren. Sie hat sich auf diese Tortur vorbereitet, unterstützt von ihrer Therapeutin, die zusammen mit Julias Freundin, der Sozialarbeiterin, auf der Publikumsbank sitzt. Es ist eine öffentliche Verhandlung.

Er hatte damals den ganzen Kopf kahl geschoren, ein Kapuzensweatshirt und eine Bundfaltenhose an, er stank nach Alkohol, sie war sicher, dass er ein Skinhead und der rechten Szene zugehörig war. Julia hatte nach seiner Drohung Angst, er könne sie umbringen, wenn sie nicht mache, was er von ihr forderte. Sie befolgte seine sadistischen Anweisungen. Sie fasste den Mut, auf ihn einzureden, und hoffte, er sei dann weniger aggressiv. Er war zwar größer als sie, sehr dick und sehr schwer, aber etwa in ihrem Alter. Sie erreichte, dass er sich beruhigte. Er sprach von seiner schweren Kindheit, dass seine Mutter geschieden sei, und dass sie nie einen festen Wohnsitz hatte. Sie zog Kerzen für den Verkauf, als fliegende Händler zogen sie von einem Jahrmarkt zum anderen. Er war nie lange an einer Schule. Julia sagte ihm, ihre Eltern seien auch geschieden, und das sei für sie auch schwer gewesen, und er solle nicht sein ganzes Leben zerstören, und er solle aufhören und ihr den BH zumachen, sie könne das nicht mit dem gelähmten Arm. Er ließ dann von ihr ab und schloss den BH.

Der Richter lobt Julia, sie habe sich sehr klug und vorbildlich verhalten.

Es stellt sich heraus, dass der Täter bereits viereinhalb Jahre im Gefängnis war. Er hat dort eine Jugendstrafe abgesessen. Insgesamt hat er zehn Frauen und Kinder grausam vergewaltigt, auf diabolisch-sadistische Art. Dafür kann er nicht mehr belangt werden.

Das Vorlesen des Strafregisters dauert fast den ganzen Vormittag des zweiten Verhandlungstages. Ein Richter schläft während des monotonen Vortrags der schweren sexuellen Gewalttaten ein, Julia wird blass und blasser. In der Gerichtspause schlägt die Therapeutin vor: Vielleicht pusten Sie beim Yoga die ganze schlechte Luft raus. Im prächtigen Treppenhaus des Landgerichts machen Julia und ihre Therapeutin Tibeter. Dann bekommt Julia Zuckerbonbons. Mehr kann Julia auch nicht zu sich nehmen. Ihr ist schlecht.

Der gutachtende Psychologe referiert «extreme Formen der Sexualität», zu denen der Täter aufgrund frühkindlicher Störungen neige. Er sei jahrelang therapiert worden, im Zusammenhang mit der Jugendstrafe. Trotz überaus problematischer

Anamnese geht dieser Psychologe davon aus, dass der Täter erfolgreich weiter therapiert werden könne und betont zur Untermauerung seiner Prognose: er sei ja auch erst einmal rückfällig geworden. Dies wirkt sich strafmildernd aus.

Julias Freundin, die Sozialarbeiterin, ringt auf der Zuschauerbank nach Luft, nachdem die Urteilsbegründung verlesen ist: als ob dieser «Rückfall» nicht schlimm genug wäre! Was außerdem niemand weiß, ist, ob der Täter womöglich seit seiner Freilassung außer Julia noch weitere Opfer vergewaltigt hat, die keine Anzeige erstatteten.

Auf der Zuschauerbank saßen auch die Mutter sowie die zahlreichen Halbschwestern des Täters, die verschiedene Väter haben. Auch diese für den Täter schwierigen familiären Bindungen wurden im Zusammenhang mit seinen frühkindlichen Störungen erwähnt. Die Frauen hielten sich während der zwei Gerichtstage ununterbrochen an den Händen.

Der Pflichtverteidiger des Täters betonte in seinem Plädoyer die Reue, die Therapiebereitschaft sowie den starken, familiären Rückhalt. All dies spräche für den Täter.

Die Sozialarbeiterin findet das optimistisch, und fragt sich, wo denn diese Familie war, als der Täter rückfällig wurde und Julia vergewaltigte.

Die Richter folgten der Argumentation der Verteidigung in ihrer Begründung des milden Urteils: dreieinhalb Jahre Freiheitsstrafe, vom Vollzug der Haft wird er verschont. Jeder habe die Chance, sich zu bessern, das wollten sie dem Täter mit auf den Weg geben, spricht der Vorsitzende Richter. Die große Strafkammer des Landgerichts empfiehlt dem geständigen Schwerverbrecher eine Therapie.

Während Julia im Foyer des Gerichts in der elektronischen Sicherheitsschleuse steckt, um ihr Pfefferspray abzuholen, das während der Verhandlung dort aufbewahrt worden war, feiert die Familie des Täters: «Nur dreieinhalb Jahre, die Strategie von dem Anwalt hat voll funktioniert».

Julia ist unbehaglich, der Täter läuft nun frei herum, im Gerichtssaal ist auch erwähnt worden, wo sie wohnt, nun weiß der Täter das.

Doch das Wichtigste ist für sie, dass der Täter schuldig gesprochen ist, dass sie nun damit abschließen kann, dass sie im Recht ist, dass die Leute ihr glaubten, und sie nicht als Lügnerin dasteht.

Goethes Gedicht vom «Heideröslein» wird heute in einigen Deutungen als Beschreibung einer sexuellen Belästigung oder Vergewaltigung ausgelegt. Die Rose stehe für eine Frauenfigur, die sich gegen sexuelle Gewalt zur Wehr setzt. Die Aussage sei, dass sie machtlos unterliege. Ganz machtlos ist das Sturm-und-Drang-Röslein von 1771 aber nicht, wie die zweite Strophe zeigt:

Knabe sprach: «Ich breche dich,
Röslein auf der Heiden!»
Röslein sprach: «Ich steche dich,
dass du ewig denkst an mich,
und ich will's nicht leiden.»

Julias Vergewaltiger gab im Gerichtssaal zu, er habe oft an Julia gedacht, er habe nach der Tat ein schlechtes Gewissen gehabt. Dass du ewig denkst an mich! Julia hat nach dem Urteil eine gewisse Ruhe gefunden. Sie hatte als Opfer die Macht, diesen Täter anzuzeigen, sie hatte die Macht, sich zu wehren, indem sie in ihrem Leid immerhin «stach», indem sie die DNA-Spur sicherstellte, die den Täter schließlich überführte.

Von hundert angezeigten Fällen endet in Deutschland nur ein Viertel in der Verurteilung des Täters. Dabei ist auf der anderen Seite die Zahl der angezeigten Fälle gestiegen. Ein Grund dafür könne sein, dass Vergewaltigungsmythen noch zu sehr die Urteilsfindung beeinflussten, indem sie auf allen Stufen, die ein Verfahren durchläuft, wirkten. Dies haben Sozialpsychologen analysiert. Ohne den DNA-Beweis wäre Julias Verfahren womöglich anders verlaufen.

Nach dem Urteil wirft Julia die Sachen, die sie bei der Verhandlung an hatte, weg. Aus den Augen, aus dem Sinn. Nach dem ersten Gerichtstag hatte sie Cordhose, Bluse und den weichen Samtblazer gewaschen und dann zum zweiten Gerichtstag einfach noch einmal genauso angezogen.

An dem Abend nach dem Urteil setzt sie auf bewährte Hausmittel, um auf andere Gedanken zu kommen. Sie zieht sich ein neues Kleid an. Es ist immer aufregend, ein Kleid zum ersten Mal zu tragen, mit frisch gewaschenem Haar, das ihr bis zur Taille reicht, und einem guten Parfüm. Julia geht mit ihrem Freund in ein Restaurant.

Julia spricht mit ihm nicht über die schreckliche Sache. Warum sollte sie die schöne Zeit zu zweit mit diesem Thema vertun. Von Anfang an hat sie die Warnungen und Ratschläge ihrer Therapeutin beherzigt, der sie vertraut, diese Psychologin ist nicht nur eine Expertin, sondern auch eine Frau, die mitten im Leben steht: *Die Information, dass Sie vergewaltigt worden sind, haut den stärksten Mann um. Sicher wollen Sie das nicht. Suchen Sie sich Inseln, die nur für Sie bestimmt sind. Vielleicht ist es ein Wellnesstempel, in dem Sie die Schönheitsgöttin sind: Schwamm drüber! Schwamm drüber! Schwamm drüber! Vielleicht ist es eine wehrhafte Burg, ganz aus Büchern. Vielleicht sind Sie Ballonfahrerin. Mit jedem Sandsack, den Sie abwerfen, nähern Sie sich: der Perspektive der Vögel im traumafreien Paradies. Vielleicht ist es ein Grab, das Sie manchmal noch besuchen. Ganz allein. Im Zwiegespräch mit dem Engel, der das Grab ganz sicher gut bewacht. Ganz gleich, woran Sie glauben, die Engel haben viel mehr Erfahrung, als Sie sich vorstellen können.*

Sie wollen doch nicht, dass Ihnen die Vergewaltigung ins Gesicht geschrieben steht.
Wir machen erstmal ein bisschen Therapie! Am Ende haben Sie ein Nähkästchen, aus dem Sie niemals plaudern, niemand kennt sich darin so gut aus wie Sie.
So, wie sie sich jetzt fühlen, so wollen sie doch keinem Mann begegnen, Sie wollen sich doch später an das schönste Date Ihres Lebens erinnern, Sie wollen ihm doch nicht Ihre Verletzungen zeigen, die inneren und die äußeren, Sie kennen sich doch noch gar nicht.

Es war im August, an seinem Geburtstag. Sie war zufällig noch einkaufen, in dem Laden, der um Mitternacht noch geöffnet hatte. Sie hatten sofort Blickkontakt. Er stand dort mit Freunden. Alle sangen: «Happy birthday to you!» Und alle klatschten. Julia wusste sofort: das ist der Richtige, sie ging zu ihm hin und sagte: «Herzlichen Glückwunsch zum Geburtstag». Er nahm sie in den Arm und küsste sie. Am nächsten Tag rief er an.

An dem Wochenende waren sie zum ersten Mal verabredet. Dann rief sie ihn an und sagte ihm, dass sie ihre Verabredung verschieben müssten.

Julia ist überzeugt, dass der Himmel ihr diesen Mann schickte: damit er ihr Halt gibt. Sie hatte ihn gerade getroffen, da kam dieser Skinhead und vergewaltigte sie. Zwei Tage, nachdem sie sich verliebt hatte, so ein schreckliches Erlebnis. Himmel und Hölle.

Vorher war Julia längere Zeit allein. Die Liebe hat ihr dann viel Kraft gegeben. Julia spricht gern über Herzensdinge. Überhaupt waren schöne Erlebnisse wichtig, um die Tat verarbeiten zu können. Möglichst viel Schönes, zwischen ihr und der Tat. Positive Eindrücke, um den Abstand zur Tat zu vergrößern. Kreative Stunden, auch mit ihren Bekannten, zum Beispiel aus der Theatergruppe. Sie lernte Leichtigkeit schätzen. In den ersten Wochen nach der Tat fand die Sozialarbeiterin die Arbeit in der Bibliothek für sie, das war ein großer Lichtblick.

Julias Freund ist ein gut aussehender Mann, er ist Wissenschaftler. Sie hat ihm eines Tages von der Tat erzählt, in kontrolliertem Rahmen, er weiß Bescheid. Er ist bei ihr geblieben. Viele Männer tun das nicht. Sie verlassen eine Frau, wenn sie erfahren, dass sie vergewaltigt wurde. Für Männer, die lieben, ist dies oft besonders schwer zu verarbeiten. Julia hält deswegen das Thema möglichst aus ihrer Beziehung heraus.

Wenn es ihr ganz schlecht geht, vertraut sich Julia weiterhin der Psychologin oder ihrer Freundin an. Ohne diese Frauen hätte sie das alles nicht so bewältigt, wie sie es bewältigt hat, darüber ist sich Julia bewusst.

Sie ist nicht mehr so unbeschwert, wie sie früher war. Um sich notfalls wehren zu können, kaufte sie Pfefferspray, das hat sie immer dabei. Sie geht nicht mehr soviel aus. Abends gar nicht mehr, wenn, dann nur mit ihrem Freund. Ihr Leben hat sich seitdem verändert. Wenn sie mit dem Fahrrad unterwegs ist, meidet sie dunkle Ecken und Abkürzungen. Sie hat manchmal Schweißausbrüche, Stressreaktionen, nur weil irgendein Mann an der Supermarktkasse oder in der U-Bahn einen ähnlichen Geruch hat wie der Täter. Auch nach dem Urteil quälen sie solche Reaktionen. Wenn einer auf dem Bürgersteig hinter ihr geht, hat sie manchmal solche Ängste, dass sie dann am liebsten schnell weglaufen würde.

Wenn Julias verletzte Seele spricht, spricht sie mit sanfter Stimme: «Ich hätte nie gedacht, dass mir so etwas passiert.» Ihre Stimme ist so fragil wie eine Feder.

NADJA

Nadja war elf Jahre alt, als sie zum ersten Mal vergewaltigt wurde. Das war in einem Siedlungsheim in der Nähe von Berlin. Sie sollte bei Freunden ihrer Eltern, die ebenfalls dort untergekommen waren, etwas abholen und dann zurückkommen. Doch im Treppenhaus griff ein fünfundzwanzigjähriger Bekannter dieser Freunde sie, rannte mit ihr die Treppen hinunter in den Keller, hielt ihr den Mund zu, und vergewaltigte sie. Danach prügelte ihr Vater sie, weil sie zu spät nach Hause gekommen war. Er fragte nicht nach dem Grund. Nadja hatte niemanden, dem sie von der Tat erzählen konnte.
Nach dem Vorfall verschwand der junge Georgier aus dem Siedlungsheim. Nadja und ihre Familie blieben noch eine Weile dort.

Neunzehnhundertneunundneunzig, als der zweite Tschetschenienkrieg begann, waren sie aus dem Süden des Kaukasus nach Deutschland gekommen. Sie sind eine deutsch-russische Familie. Sie lebten in einer Verwaltungs- und Kurstadt, die sich malerisch am Fuße grüner Hügel erstreckt. Ihre Eltern und Verwandten waren dort kleine Angestellte, in kaufmännischen und technischen Berufen. Sie hatten ein zweistöckiges Haus mit Garten und einer breiten Veranda, dazu ein Auto. Sie litten keine materielle Not. In Berlin leben ihre Eltern von Sozialhilfe und Gelegenheitsjobs. Ihre Mutter hat in Deutschland mit Vierzig noch einmal Kinder bekommen, die Zwillinge sind nur ein Jahr älter als Nadjas Kind.

Ihr älterer Bruder wollte damals nicht zum Kriegsdienst nach Grosny. Der Sohn der Nachbarn war drei Jahre zuvor in einem zugenagelten Sarg aus dem Bürgerkrieg in der Hauptstadt des benachbarten Tschetschenien zurückgekommen. Man erlaubte den Eltern nicht, seine Überreste anzuschauen.

Man konnte von ihrem Heimatort aus zu Fuß nach Grosny gehen. Das Grollen des Krieges war immer da. Einmal erzählten die Eltern, wie Schwangere aus einem Bus geholt wurden und man ihnen auf offener Straße den Bauch aufschlitzte. Einmal war Nadja auf dem Weg zu der Wiese am Fluss, in der Nähe ihres Elternhauses. Es gab dort Bäume mit Schaukeln. Sie war mit anderen Kindern zum Spielen verabredet. Sie sah, wie ein Mann mehrfach mit einem Messer auf einen Anderen einstach. Sie versteckte sich. Der mit dem Messer rannte weg, der blutüberströmte andere Mann sah ihr in die Augen und sagte: «Hol' Hilfe». Sie rannte nach Hause, ihre Eltern riefen den Krankenwagen, es war zu spät, der Mann war tot. Die Greueltaten des Krieges gehören zu Nadja.

Nichts war und ist in ihrem Leben so verheerend wie die körperliche und seelische Gewalt, die ihr Vater ihr antat. Sie hat kaum noch die Kraft, darüber zu sprechen: «Ich habe Angst vor der Gewalt meines Vaters. Das ist das Schlimmste, was einem angetan werden kann, schlimmer als der Tod.» Sie hat ein paar Mal versucht, zu gehen: «Nein», sagt ihr kleine Tochter energisch, «Mama, geh' nicht!»

Nadja hat Schlaf- und Essstörungen. Sie hat kaum Energie, ihren Alltag als allein erziehende Auszubildende zu bewältigen, sie hat Angst, es einmal nicht mehr zu schaffen, oft ist ihr schwarz vor Augen, manchmal fällt sie in Ohnmacht. Wenn sie etwas isst, hat sie manchmal solche Schmerzen, dass sie sich auf ihrem Sofa rollt wie eine Katze.

Sie hat keine Freunde mehr von früher. Sie hat keine Zeit, neue Freundschaften aufzubauen. Ihre Mutter passt manchmal auf ihr Kind auf, wenn die Kindertagesstätte früher schließt, und Nadja noch arbeiten muss.

Nadja war fünfzehn, als sie schwanger wurde. Der Mann zwang sie nach der Geburt ihrer Tochter ein halbes Jahr lang zur Prostitution. Nadja gelang es, ihm und der Hölle zu entwischen.

Ihre Tochter ist jetzt fünf, sie kann schon das ABC und ein wenig rechnen, darauf ist Nadja stolz. Von dem Wenigen, das sie hat, kauft sie dem Kind Malbücher, Stifte und Eintrittskarten für den Zoo. Sie achtet darauf, dass das Mädchen isst, auch wenn sie selbst nichts zu sich nehmen kann. Nadja kocht gern, sie beherrscht die russische Küche. Die Kleine war kaum ein Jahr alt, da kam sie mit einem Tuch und wischte Nadja die Tränen ab. Seitdem liebt Nadja ihr Kind über alles, sie sei ihr Schutzengel, sie lebe nur für sie. Sie habe als junge Mutter mit Vorurteilen zu kämpfen, aber auch ganz junge Mütter könnten gute Mütter sein.

Als Nadja achtzehn war, erzählte sie ihrem Vater von der Vergewaltigung in dem Siedlungsheim. Er sagte, sie sei schuld, sie sei dumm. Er sagte das immer, ihr Leben lang. Als Nadja geboren war, beschimpfte er ihre Mutter, sie sei fremdgegangen, das Kind sehe ganz anders aus als er. In ihren ersten drei Lebensjahren schaute er Nadja nicht an, sprach sie nicht an, fasste sie nicht an. Dann begann er, auch sie zu schlagen, so, wie er ihre Mutter schlug. Die deutschen Großeltern väterlicherseits sprachen schlecht über ihre Mutter, die eine Russin ist. Sie lehnten auch Nadja ab.

Die Leute in ihrer Stadt schimpften sie «Faschisten», wegen des deutschen Teils der Familie. In Berlin stößt sie oft auf Ablehnung, weil sie aus Russland kommt.

Im Mai neunzehnhundertfünfundvierzig waren auch Männer aus Nadjas Familie unter den sowjetischen Truppen der Roten Armee, die in Berlin standen. Hitlers Wehrmacht war besiegt, der Zweite Weltkrieg zu Ende. Ihre russischen Verwandten sahen das immer als etwas Gutes an. Überall gebe es gute und böse Menschen, in jedem Land, in jeder Familie.

Niemand habe sie gefragt, wie sie als Teenager oder junge Frau zur großen Politik stehe. Niemand habe Nadja gefragt, ob sie einen Krieg wolle, oder nicht. Es habe auch niemand ihrem russischen Großvater, einem einfachen Mann, diese Frage gestellt. Als sie bereits in Berlin war, sah sie Bilder des zweiten Tschetschenienkrieges im Fernsehen. Sie hatte Angst, ihr Opa könne die Bombenangriffe auf Bodjonnowsk nicht überleben. Sein Haus wurde nicht getroffen. Nadja war erleichtert, als sie das erfuhr. Manchmal telefoniert sie mit ihrem Großvater. Wenn sie an Weihnachten die verschneiten kaukasischen Hügel vermisst.

Ihr Großvater lebt allein. Sein Sohn, Nadjas Onkel, war als Soldat in Afghanistan. Er kam neunzehnhundertneunundachtzig, als die russischen Truppen abgezogen wurden, mit einem schweren Kriegstrauma zurück. Die Familie konnte ihm im Laufe der Jahre verzeihen, dass er nach einem Streit seine eigene Mutter in der Küche erdrosselte. Sein Vater nahm alle Schuld auf sich, begrub seine Ehefrau und ging acht Jahre ins Gefängnis. Nadja kennt ihre Großmutter nur von den Familienfotos und aus den Erzählungen ihrer Mutter. Nadja telefoniert mit ihrem Großvater, den sie kaum kennen lernen konnte, in Bodjonnowsk. Ein Jahr, bevor Nadja in den Bus nach Deutschland stieg, war er aus dem Gefängnis zurückgekommen.

Als der zweite Tschetschenienkrieg bevorstand, war ihr älterer Bruder achtzehn und hatte bereits die Musterung bei der Armee hinter sich. Er sollte Fallschirmjäger werden, Kanonenfutter, sagt Nadja. Hinzu kam, dass ihr Vater es satt hatte, als

«Faschist» beschimpft zu werden. Er wollte nach Deutschland. In Russland kann man mit Geld einiges machen, weiß Nadja. Sie stellten Anträge als Aussiedler, die mit Unterstützung von Bekannten ihrer deutschen Großeltern in Berlin rasch bearbeitet wurden. Vier Tage dauerte die Reise mit dem Bus. Es war schwer, alles aufzugeben. Nadja hatte gute Noten in der Schule. Der Direktor hatte für sie einen Platz in einer Spezialschule für Hochbegabte, ein paar Tage vor Schulbeginn wurde die Aussiedlung genehmigt. Nadja hatte in ihrer Familie Russisch gesprochen. Sie konnte kein Deutsch. In Deutschland hatte sie mit Sprachproblemen zu kämpfen, das war hart, aber sie lernte schnell. In Berlin kam sie auf eine Realschule. Sie freundete sich mit älteren Mitschülern an. Mit dreizehn sei sie auf die schiefe Bahn geraten. Damals dachte sie, sie könne mit Drogen alles vergessen. Sie wollte wissen, wie es ist, sich des Lebens zu freuen. Auf Parties nahm sie Ecstasy und Speed, sie rauchte Cannabis, sie probierte sogar LSD. Sie bekam das Zeug von den anderen in ihrer Clique.

Das Kind Nadja war von seinem Vater mit Händen, Fäusten und dem Stock geprügelt worden. Es hatte die Oma im Himmel angerufen, sie solle sie zu sich holen. Der Vater prügelte Nadja weiter. Immer war Nadja an Sachen schuld, von denen sie nichts wusste. Nie war der Vater mit dem Kind zufrieden, immer fand er einen Grund, sie zu prügeln. Hatte sie ein «Gut» in der Schule, gab es Prügel, weil sie kein «Sehr gut» hatte. Nadja glaubte nicht mehr an Gott. Die evangelischen Kirchen in der deutsch-russischen Gemeinde bedeuteten ihr nichts. Das Kind Nadja sah, wie der Vater die Mutter in einem Zimmer einschloss. Sie sah, wie er ihre Mutter mit anderen Frauen betrog. Sie sah, wie er mit anderen schlief, auch in dem Ehebett. Nadja hasste ihren Vater. Nadja versteckte sich. Wenn er erführe, dass sie ihn gesehen hatte, würde er sie noch mehr prügeln. Sie hatte der Mutter nichts davon gesagt, doch die Mutter ahnte den Betrug. Er schlug die Mutter achtzehn Jahre lang. Sie hatte Fehlgeburten und Totgeburten. Er sperrte sie ein. Er brach ihr die Knochen. Er unterstellte ihr immer wieder, sie ginge fremd. Sie sprach mit niemandem darüber und verzieh ihrem Mann alles, sie wollte die Ehe aufrechterhalten für die kleine Nadja und ihren Bruder. Das Kind Nadja erlebte, dass sich die Mutter für die Kinder prügeln ließ. Dass sie ihre ganze Liebe ihren Kindern schenkte. Ohne sie je umarmen oder küssen zu können.

Wenn Nadja als Kind einen roten Pullover wollte, bekam sie einen schwarzen. Immer schwarz, ihre Eltern steckten sie immer in schwarze Kleidung. Wenn andere Kinder spielten, musste Nadja putzen. Wie eine Sklavin, sagt Nadja.

Was ihr Vater aus ihr in der Kindheit machte, machten viele Männer in ihrem jungen Leben aus ihr.

Als Nadja den Vater ihres Kindes kennen lernte, nahm sie von einem Tag auf den anderen keine Drogen mehr, da war sie vierzehn. Es hätte auch anders kommen können. Sie war in der Gefahr, abzustürzen. An keinem Punkt in ihrem Leben hat Nadja das jedoch zugelassen. Sie befreite sich jedes Mal allein aus den schlimmsten Abhängigkeiten. Manchmal in letzter Minute.

Sie verheimlichte vier Monate lang die Schwangerschaft, bis ihre Mutter sie bemerkte. Ihr Vater versuchte, einen Arzt mit Geld zu bestechen. Selbst zu diesem Zeitpunkt wollte er eine Abtreibung, Nadja leidet noch heute darunter. Der Arzt ließ sich nicht bestechen. «Geh' weg», sagte der Vater zu Nadja, «wenn du stirbst, werde ich nicht an deinem Grab stehen und weinen.» Die ebenfalls aus Russland stammende Familie ihres Freundes kümmerte sich um die junge Schwangere, sie wohnte dort. Als die Kleine auf der Welt war, bekamen Nadja und der inzwischen volljährige Kindsvater eine eigene Wohnung.

Mit diesem Tag fing er an, sie zu schlagen. Der Säugling schrie. Er schlug der Kleinen ins Gesicht, ihr Köpfchen flog hin und her, sodass Nadja Angst hatte, er breche ihr das Genick. Er war krankhaft eifersüchtig, er fuhr sie mit seinem Auto überall hin und holte sie ab. Hatte sie etwas allein zu erledigen, zog er sie zuhause aus und untersuchte sogar ihre Wäsche auf eventuelle Spuren von Seitensprüngen, die er ihr unterstellte. Er hatte dazu keinen Grund. Nadja wünschte sich nichts sehnlicher als eine harmonische Beziehung. Der Kindsvater missachtete das Verbot der Ärzte und schlief mit Nadja, als sie noch eine Wöchnerin war. Er verletzte ihre Gebärmutter. Die Wahrscheinlichkeit, dass Nadja noch Kinder bekommen kann, ist seitdem gering.

Als Teenager hat Nadja ein paar Mal versucht, sich das Leben zu nehmen. Nadja ging nach der Geburt ihrer Tochter für kurze Zeit wieder zur Schule. Sie mischte auf dem Schulgelände Cannabis mit Rattengift und fiel in ein Koma. Mitschülerinnen, die sie zufällig fanden, riefen den Notarzt. Zehn Minuten später, und sie wäre tot gewesen, sagten ihr die Ärzte später.

Nadja hatte einen Traum als sie im Koma lag.

Sie war in einem Labyrinth. Es war dunkel. Sie suchte nach einem Weg und fand ihn nicht. Dann sah sie zuerst ein weißes Licht, und dann einen weichen Boden aus Wolken. Sie sah große Wolken mit Toren. Die Tore gingen auf. Ein Mann kam ihr entgegen, er trug eine weiße Toga und hatte einen Bart und lange schwarze Haare. Der Mann sagte zu ihr: «Deine Zeit ist noch nicht gekommen.» Die Tore gingen zu.

Nadja wachte aus dem Koma auf.

Ihre Mutter sagte, «Siehst du, deine Schutzengel wollen dich noch nicht im Himmel, sondern auf der Erde.» Nadja denkt Jahre später, dass ihr Leben ein dunkles Labyrinth war und das

Licht ein Zeichen Gottes, dass er für sie da ist, dass er etwas für sie tut, damit sie ihren Glauben an ihn nicht verliert.

Nadja wurde nach dem Suizidversuch in der stationären Psychiatrie behandelt. Sie schaffte nur noch den erweiterten Hauptschulabschluss.

Der Kindsvater schlug sie weiter. Er ließ sie nicht aus den Augen. Er stopfte ihr Müll in den Mund. Er lieferte sie um sechs Uhr abends in einem Bordell ab und sammelte sie um sechs Uhr morgens ein, zusammen mit dem Geld. Er gab ihr nicht einen Cent. Sie musste um Geld für Lebensmittel betteln. Er kaufte von dem Bordellverdienst Zubehör für sein Auto, er kaufte immer mehr davon. Er verjubelte das Geld mit anderen Mädchen, während sie in dem Bordell war. Tagsüber schloss er sie und ihr kleines Kind im Schlafzimmer ein. Im Wohnzimmer nebenan hatte er Sex mit anderen Mädchen.

Nadja nahm Schlaftabletten, einmal so viele, dass der Kindsvater ihr den Finger in den Hals steckte und sie alles erbrach. Nadja hatte Zysten an den Eierstöcken. Seit der ersten Vergewaltigung mit elf litt sie an Magenschleimhautentzündungen. Sieben Jahre lang. Bis sie sich mit achtzehn von ihrem letzten Freund trennte.

Nadja stand auf der Brücke und sah auf den Fluss. Das Handy klingelte. Sie sprang nicht. Es war ein Freund, dem sie sich anvertraut hatte.

Nadja fand Möglichkeiten, aus der Hölle herauszukommen: Sie sorgte für soziale Kontrolle.

Sie ging in die Sprechstunden des Arbeitsamtes. Sie trug unter der Rubrik Wunschberuf Friseuse ein. Sie hätten nichts für sie. Sie saß jede Sprechstunde im Warteraum. Sie hätten keinen Ausbildungsplatz für sie, sie solle doch gehen, sagten sie zu ihr. Sie rühre sich nicht von der Stelle, bis sie ihr Ziel erreicht hätte, sagte Nadja. Ganz am Ende der Sprechstunde hatten sie einen

Platz für sie. Es begann mit einem Praktikum, in einem Friseursalon.

Nadja war zu dieser Zeit noch im Bordell, jede Nacht. Sie war dort zwangsweise körperlich anwesend, ihre Seele klinkte sich aus. Ihr langes Haar hatte sie platinblond färben müssen. Es fiel aus. Sie schlief nicht. Sie wusch sich, sie zog sich um und stand pünktlich im Salon. Manchmal fiel sie vor Müdigkeit fast um. Die Meisterin stellte keine Fragen. «Geh doch für ein paar Minuten in den Kosmetikraum und ruhe dich ein wenig aus», sagte sie nur. Manchmal weckte sie Nadja erst Stunden später aus ihrem Schlummer auf der Behandlungsliege, «Du tust mir so leid, aber jetzt musst du aufstehen, du musst ja auch noch deine kleine Tochter versorgen.»

Nadja kam mit der Kleinen nach Hause zurück. Sie öffnete die Tür, der Kindsvater war weg, ihre Wohnung leer. Nicht ein einziges Möbelstück war noch da. Nicht einmal das Kinderbettchen. Sie ging mit dem Kind zu ihren Eltern, um dort zu übernachten. Ihr Vater zeigte ihr die kalte Schulter: «Du bist eine Schande für die Familie.» Er schlug ihr die Tür vor der Nase zu. Dass er sie und ihr Kind in der größten Not allein ließ, kann sie ihm nicht verzeihen.

Ohne einen Cent in der Tasche ging sie zu Freunden und kam dort für ein paar Tage unter. Sie vertraute sich der Meisterin in dem Ausbildungsbetrieb an, die eine Sozialpädagogin verständigte. Nadja und ihre Tochter kamen in ein Mutter-Kind-Heim. Das Jugendamt suchte ständig nach Gründen, Nadja das Kind wegzunehmen. Um acht Uhr abends musste die Kleine schlafen. War sie bei der Kontrolle um viertel nach acht noch nicht eingeschlafen, fiel das negativ auf Nadja zurück. Ihr Vater machte sie beim Jugendamt schlecht. Das machte alles noch schlimmer. «Wenn Sie mir mein Kind nehmen, gehe ich unter die Brücken», sagte Nadja. Sie brachten die beiden in eine Wohngemeinschaft, die von Sozialarbeitern betreut wurde. Nadja fühlte sich dort wohl. Es wurde eine Therapie für sie organisiert, auch ihr Kind wurde nach der väterlichen Gewalt- und Trennungserfahrung psychotherapeutisch behandelt. Nadja nutzt diese Termine auch weiterhin, für sich und ihre Tochter.

Nach dem Praktikum kam Nadja in einen anderen Lehrbetrieb. Sie war nun auch stabil genug, eine eigene Wohnung beziehen zu können, die Kleine bekam einen Platz in einer Kindertagesstätte. Vom Kindsvater kommt keine finanzielle Unterstützung; bevor er auch nur einen Tag Unterhalt für die Kleine zahle, arbeite er lieber sein Leben lang schwarz.

Nadjas Vater hatte einen jungen Mann aus dem Bekanntenkreis für sie ausgesucht, sie solle es doch mit ihm versuchen, redete die Familie auf sie ein. Nadja hatte diesen Jungen früher gemocht, doch er war kriminell geworden. Er hatte Schutzgelder erpresst in der Kneipenszene. Gewalttätige Körperverletzungen, unerlaubter Waffenbesitz, Jugendhaft. Nadja wollte nicht mit ihm zusammenziehen. Er hatte auch viel Alkohol getrunken und Drogen genommen. Nadja war nicht sicher, ob er es geschafft hatte, davon loszukommen. Nadja hoffte, der Antigewaltkurs, den er in der Gefängniszeit absolvierte, hätte ihn verändert. Sie begann eine Beziehung, aber in getrennten Wohnungen. Sie wollte nicht riskieren, dass er ein schlechtes Vorbild für ihre Tochter sein könnte. Er war von Anfang an gewalttätig gegen sie. Er war eifersüchtig, er verhängte Verbote. Fast jeden Tag bekam sie Schellen, weil sie etwas falsch gemacht hätte. Er beschimpfte sie oder schmiss irgendetwas auf sie. Mehrere Male schlug er sie zusammen. Dabei hielt er ihr den Mund zu, damit sie nicht schreien konnte. Er schlug sie mit Fäusten. Sie hatte Angst vor ihm.

Wieder wurde ihr Vertrauen enttäuscht.

Nadja hat für Männer immer alles gemacht. Sie hat sich zerrissen. Sie hat sich immer etwas Schönes ausgedacht. Nie hat einer etwas für sie gemacht. Sie ist eine Sklavin geblieben, so wie damals, als Kind. Die schlimmen Erlebnisse mit ihrem letzten Freund hat sie als schweren Rückschlag empfunden auf ihrem Weg aus der Gewalt. Sie fiel damals in alte Muster zurück.

Familiäre Muster, die sie von ihrer Mutter übernommen hatte, sie kannte nichts anderes. Sie versorgte das Kind und den Haushalt, sie bediente ihn, wenn sie von den langen Tagen im Salon nach Hause kam. Er arbeitete nicht.

Mit der Berufsschulklasse war sie ein paar Tage in einer anderen Stadt. Sie sei fremdgegangen. Nadja sagte ihm, das stimme nicht, da sei nichts gewesen, mit anderen Männern oder Jungs. Sie sagte ihm: «Deine Unterstellungen kotzen mich an.» Seine Gewalt wurde unerträglich.

An jenem Tag im Mai hatte sie sich vorgenommen, ihm die Trennung zu eröffnen. Sie hatte das Kind bei ihrer Mutter untergebracht, um das Gespräch mit ihm allein führen zu können. Er war alkoholisiert, wie bei ihren früheren Trennungsversuchen forderte er ein paar tausend Euro von ihr. Er drohte, sie auf den Strich zu schicken. Damit hatte er bereits öfter gedroht, sie hatte sich davon einschüchtern lassen und war bei ihm geblieben. «Nutte, Schlampe, Miststück», beleidigte er sie. Sie forderte ihn auf, zu gehen. Er blieb. Dann müsse sie das Geld eben bei ihm «abarbeiten». Er drückte sie auf das Sofa, zog sich seine Hosen aus, versuchte, mit seinem Geschlechtsteil in sie einzudringen. Sie schrie. Sie wehrte sich. Es gelang ihm nicht. Er schaffte es aber, mit seinen Fingern in ihre Vagina einzudringen.

Sie trat ihn, konnte sich befreien und sich im Badezimmer einschließen. Er donnerte gegen die Tür und beruhigte sich ein wenig. Als sie aus dem Bad herauskam, befahl er ihr, sich zu schminken, ein Kleid und hohe Schuhe anzuziehen. Er wolle noch zu Bekannten. Er drohte ihr, sie zusammenzuschlagen und umzubringen, falls sie jemandem davon erzähle. Aus Angst machte sie sich zurecht. Bei den Bekannten betrank er sich. Sie vertraute sich einer gemeinsamen Bekannten an. Die Beziehung laufe schlecht, er schlüge sie. Er bekam das mit, schüttete ihr ein Glas Wodka ins Gesicht, begann einen Streit mit der Frau, der sie sich anvertraut hatte. Nadja nutzte diesen Moment, um auf die Straße zu rennen. Er holte sie ein. Er schlug sie ins Gesicht. Ein Passant versuchte, ihr zu helfen. Er bedrohte den Passanten mit seinem Springmesser. Sie fiel auf den Bürgersteig und war kurzzeitig bewusstlos. Als sie zu sich kam, zog er sie an den Haaren, schleifte sie zum U-Bahnhof. Er brächte sie auf den Straßenstrich, damit sie dort anschaffen gehe. Er nehme ihr die Tochter weg. Er schlug gegen ihren Kopf. Er schlug ihren Kopf mit Wucht gegen eine Wand in dem U-Bahnhof. Er nahm ihr die Wohnungsschlüssel weg. Sie fuhren bis zur Endstation. An der Nachtbushaltestelle hielt er ihr das Messer an den Hals, er brächte sie um, wenn sie nicht bei ihm bliebe. Nadja betete während dieser Zeit, der liebe Gott möge Hilfe schicken. Im Bus nutzte sie die Gelegenheit, sich in die Nähe des Fahrers zu setzen. Auf Russisch beschimpfte er sie weiter. Er schrie sie an.

Als er mit ihr aussteigen wollte, schloss der Fahrer die Tür. Er stand auf der Straße, Nadja war im Bus. Dazwischen die automatische Tür. Der Fahrer rief die Polizei. Die legte Nadjas Freund Handschellen an. Er war dem Bus hinterhergelaufen. Nadja kam ins Krankenhaus, Kratzer, Schwellungen im Gesicht und im Genitalbereich, schwerer Schock. Sie blieb zwölf Tage in der Klinik. Ihr Exfreund trat in seiner Zelle ständig gegen die Gitterstäbe. Zwischen den hohen Grashalmen am Straßenrand fand die Polizei das Springmesser, das er vor der Festnahme weggeworfen hatte.

Im Krankenhaus schüttete Nadja einer Ärztin ihr Herz aus; die Polizei erschien am Krankenbett, um sie zu vernehmen. Nadja hat seitdem kein Vertrauen mehr zur Polizei und auch nicht zu dieser Ärztin. Sie würde Fremden nie mehr ihre Geschichte erzählen. Sie würde nie von sich aus zur Polizei gehen, um eine Anzeige zu stellen. An ihrem Krankenbett stellte die Polizei viele Fragen, die wenigsten zur Tat, die meisten zu ihrer Vergangenheit. Nadja empfand die Fragen als Beleidigungen. Ob sie ihre Partner wechsle wie Handschuhe. Ob sie fremd ginge wie ihre Mutter. Sie forderte die Polizei auf, das zu korrigieren. Sie habe einen Partner. Nicht ihre Mutter, sondern ihr Vater sei fremdgegangen. In der Gerichtsverhandlung wurde sie mit einer Behauptung der Gegenseite konfrontiert, ausgesprochen von den Richtern: «Wir glauben, dass der Grund für sein Verhalten war, dass Sie fremdgegangen sind.»

Die Ärztin hatte doch die Gewaltspuren festgestellt. Sie stimmten mit dem Tathergang überein. Sie hatte einen sachlichen, ärztlichen Untersuchungsbogen für Opfer von sexualisierter Gewalt Punkt für Punkt ausgefüllt. Nadja hatte allen gynäkologischen Untersuchungen zugestimmt. Wieso stellten sie sie denn als Lügnerin hin? Die Schwellungen an ihren Schamlippen seien nicht unbedingt Beweise für eine versuchte Vergewaltigung, hieß es vor Gericht. Was sollte Nadja zu all dem noch sagen? Sie sagte den Richtern, sie fühle sich, als ob sie ihr ein Messer hinterhältig in ihre Seele stächen. Man warf ihr in der Verhandlung vor, dass sie die Vergewaltigung in dem Siedlungsheim nicht angezeigt hatte. Sie antwortete, sie sei elf Jahre alt gewesen, sie hätte kein Deutsch gesprochen, ihren Eltern hätte sie sich nicht anvertrauen können.

Wegen der versuchten Vergewaltigung wurde Nadjas Exfreund nicht belangt, aus Mangel an Beweisen. Wegen der Körperverletzung wurde er zu eineinhalb Jahren auf Bewährung verurteilt. Außerdem hatte er Nadja ein Schmerzensgeld von achthundert Euro zu zahlen. Das hat sie nie bekommen. Sie möchte von diesem Mann auch kein Geld. Sie möchte gar nichts von ihm. Sie möchte diesen Mann aus ihrem Leben haben. Den Richtern sagte sie: «Ist eine Menschenwürde achthundert Euro wert? Ich fühle mich wie ein benutzter Lappen, wie ein Fußabtreter.»

Als sie den Saal verließ, riefen die Verwandten des Täters: «Schlampe, Hure, wir haben es dir gezeigt!» Draußen vor dem Gericht wollte sich Nadja auf die Straße fallen und von den Autos überfahren lassen. Ihre Anwältin war bei ihr. Nadja fiel nicht.

Bekannte ihres früheren Freundes lachen, wenn sie Nadja sehen. Weil er für die versuchte Vergewaltigung keine Strafe bekam. Eine Körperverletzung ist in deren Augen kein Delikt. Nadja wünschte sich, der Busfahrer hätte die Tür nicht geschlossen. Hätte ihr Exfreund sie in jener Nacht umgebracht, hätten ihr wenigstens alle geglaubt, dass sie sein Opfer war.

Er verfolgt sie seitdem, er versucht, ihr bei der Arbeit zu schaden. Er verbreitet über eine gemeinsame Bekannte in ihrem Ausbildungsbetrieb Gerede über ihre Vergangenheit. Sie lassen sie die Haare zusammenfegen, zischen «Schlampe». Sie bringen ihr nichts mehr bei. Kurz vor der Prüfung fehlen ihr praktische Erfahrungen. Sie beschwert sich. Es nützt nichts. So wie das Kind Nadja in ihrer Familie schikaniert wird, so wird die junge Frau Nadja in ihrem Ausbildungsbetrieb schikaniert.

Alle Freunde hatten ihr von diesem Mann abgeraten. Sie suche sich immer die Falschen aus. Sie wendeten sich von ihr ab. Ihr Vater sagte, sie sei eine Schande für die Familie. Als allein stehende Mutter sei sie selbst schuld. «Ich habe keine Schuld», sagte Nadja.

Wenn sie Zeit hat, geht sie zu der Meisterin in ihrem ersten Praktikumsbetrieb. Die bringt ihr alles bei, was sie für die Gesellenprüfung können muss. Nadja ist geschickt, sie lernt schnell.

In der Berufsschule hat sie gute Noten. Im Ausbildungsbetrieb hält sie lieber die Demütigungen aus, als eine offene Auseinandersetzung zu suchen. Sie nahm wieder Schlaftabletten, weil sie keine Ruhe fand, nach den täglichen Schikanen, und unter der ständigen Bedrohung durch den Exfreund. Die Nebenwirkungen der Medikamente waren so stark und schädlich, dass sie nun versucht, ohne Medikamente auszukommen.

Nadja möchte sich später als Friseuse selbstständig machen, sie möchte eine Existenzgrundlage für sich und ihre kleine Tochter. Sie ist es leid, immer sparen zu müssen, sie möchte ihre Tochter fördern können, wie es ihr entspricht. Vielleicht geht sie einmal auf eine Universität. Nadja hegt keinen Groll darüber, dass sie mit ihren zwanzig Jahren keine Studentin, sondern eine Auszubildende ist. In ihrem Leben hätte vieles anders kommen können.

Nadja arbeitet gern, sie liebt ihr Handwerk. Davon wird sie immer und überall leben können. Sie möchte ihrer Tochter ein gutes Vorbild sein, als redliche Frau. Ihre Tochter soll nicht einen so leidvollen Lebensweg haben wie sie. Sie erzieht die Kleine zweisprachig. Sie möchte ihr auch die kyrillische Schrift beibringen, aber erst, wenn sie Deutsch schreiben kann. Bei einer bilingualen Erziehung müsse man darauf achten, dass die Kinder nicht alles durcheinander brächten. Von der Zweisprachigkeit wird die Kleine eines Tages profitieren.

Wenn Nadja glückliche Paare sieht, die sich gut verstehen, kann sie manchmal nicht hinschauen, weil es ihr weh tut. Wenn sie glückliche Familien sieht, unterdrückt sie ihre Tränen. «Mama, wann bekomme ich eine kleine Schwester?»

Im Advent waren Nadja und ihre Tochter auf dem Weihnachtsmarkt. Immer wenn zwischen den Elefanten des Karussells eine Lücke war, tauchte der Kindsvater auf der gegenüberliegenden Seite auf. «Papa!», schrie die Kleine. Sie war noch ein Baby, als er ging, aber sie kennt ihn von Fotos und aus den Erzählungen der Großmütter, ein paar Mal hat sie ihn auch im Laufe der Jahre gesehen. Dem Kind zuliebe ließ Nadja den Kontakt zu seiner Mutter nicht abbrechen.

Er guckte weg, hinter den Elefanten. Dann ging er fort. Er interessiert sich nicht für die Kleine.

Warum ich. Nadja stellt sich viele Fragen, aber sie findet keine Antwort. Nach dem Wolkentraum hat sie für sich ein Motto formuliert: «Auf meiner Straße wird irgendwann die Sonne scheinen.»

Man braucht Zeit, um über seinen Schatten zu springen, weiß Nadja. Mehr als jede Therapie helfe, wenn Positives passiert, wenn ihre Tochter etwas Neues gelernt hat, und wenn sie sie zum Lachen bringt. Das ist Glück.

Nadja wünscht sich unbeschwerte Ferien, vielleicht ein paar Tage in einem Kurort. Sie erinnert sich an die Thermalquellen ihrer Heimatstadt. Das hat Spaß gemacht, als Kind mitten im Winter im heißen Wasser zu spielen.

Nadja träumt davon, einen Tag ohne Probleme zu sein. Sie träumt von einem harmonischen Tag mit ihren Eltern. Vielleicht wird es diesen Tag nie geben, vielleicht gelingt es, sich innerhalb der Familie anzunähern. Nadja leidet unter der inneren Bindung, die sie trotz allem zu ihrem Vater hat. Immerhin ist der Kontakt zu ihrer Mutter besser geworden. Auch zu ihrem Bruder hat sie ein gutes Verhältnis. Er hat seine Ausbildung zum Werkzeugmacher abgeschlossen, darauf ist Nadja stolz. Sein Betrieb hat ihn übernommen. Er ist verheiratet und hat einen kleinen Sohn. Sein geregeltes Leben ist eine Konstante, auch in Nadjas Leben.

Nadja möchte eine räumliche Trennung zu ihrem Vater und den beiden Exfreunden, alle drei reden schlecht über sie. Alle drei wohnen in ihrer Nähe. Es ist, als ob sie sie mit Dreck bewerfen. Nadja fühlt sich beschmutzt. Am liebsten möchte sie ihre Koffer packen und Berlin den Rücken kehren.

Das Gerede um ihre Vergangenheit holt sie immer wieder ein. Nadja hat erfahren, dass andere jeden Respekt verlieren, wenn sie von ihrer Geschichte erfahren. Sie möchte einen Schnitt machen und ein neues Leben beginnen, mit Menschen, die sie früher nicht kannten. Doch sie kann sich einen Umzug zur Zeit nicht leisten. Jeden Tag muss sie mit der Buslinie zur Arbeit fahren, wie mit der schlimmen Erinnerung belastet ist. Jeden Tag hat sie Angst, dass ihr letzter Freund sie überfällt, allein oder mit ihrer Tochter.

Eines Tages wird sie ihrer Tochter von ihrer Vergangenheit erzählen. Manchmal flüchtet sie in eine heile Welt. Dann nimmt sie den Bus nach Potsdam, um stundenlang in den Gärten von Sanssouci spazieren zu gehen. Hier kann sie ungestört träumen und sich inspirieren lassen. Manchmal schließt sie sich Führungen an, sie liebt die Formen des Barock und des Rokoko und lässt sich gerne alles erklären. Stilkunde ist auch eines ihrer Fächer in der Berufsschule. Auch das ist Glück.

Ihre Locken hält sie mit einem Bob im Stil der zwanziger Jahre in Form. Sie hat sie in einem dunklen Farbton gefärbt, als Kontrast zu ihrem hellen Teint.

Sie findet zu sich. Sie macht dies ganz bewusst und Schritt für Schritt. Wenn man soviel Schreckliches durchgemacht habe wie sie, dann sei man auch selbst eine kleine Therapeutin. Nie sagte ihr jemand, wie hübsch sie ist. Nie machte ihr ein Mann ein Kompliment. Sie sagten ihr, andere Frauen seien viel attraktiver als sie. Sie hatte überhaupt kein Selbstwertgefühl. Nach der letzten Trennung mochte sie sich nicht mehr zurechtmachen, sie versteckte sich in Jeans und Pullover, das Haar straff zurückgekämmt. Sie muss sich jetzt daran gewöhnen, dass Leute sie freundlich anschauen.

LESEN SIE WEITER

160 Seiten
gebunden
mit Schutzumschlag
978-3-88747-194-1

Es ist dieses Tempo im Erzählen, das Inka Bachs Roman mit einer Authentizität auflädt, bei der die alltägliche Gewalt ins Bewußtsein des Lesers dringt!

Edith Bauer, Der Tagesspiegel

Dieser Roman ist eine eindringlich geschriebene Abrechnung mit der «kommoden Diktatur» und den Abgründen hinter familiären Fassaden.

Udo Scheer, Die Welt